Hormone

Das Blut besteht zur Hälfte aus Wasser und enthält rote und weiße Blutkörperchen sowie die Blutplättchen.

Das Blut transportiert auch Hormone. Das sind Botenstoffe, die unserem Körper Informationen übermitteln, zum Beispiel dass er wachsen soll oder dass Samen- und Eizellen hergestellt werden müssen.

1 Arterien

Arterien nennt man alle Blutgefäße, die vom Herzen wegführen. Sie transportieren meist sauerstoffreiches Blut und sind rot eingezeichnet.

2 Venen

Alle Blutgefäße, die zum Herzen hinführen, heißen Venen. Sie sind blau dargestellt. In den Venen fließt sauerstoffarmes Blut. Nur die Lungenvenen befördern sauerstoffreiches Blut zum Herzen.

3 Herz

Das Herz ist der Motor des Blutkreislaufs. Es ist ein Muskel, der sich rhythmisch zusammenzieht und wieder entspannt. Dadurch wird das Blut durch alle Blutgefäße gepumpt.

4 Lungen

In den Lungen nimmt das Blut Sauerstoff aus der Atemluft auf und transportiert ihn von dort durch den ganzen Körper. Das Gas Kohlendioxid wird vom Blut zu den Lungen transportiert und mit der Atemluft ausgeatmet.

5 Gehirn

Das Gehirn wird immer gut mit Blut versorgt, denn es arbeitet auf Hochtouren und braucht deshalb viel Sauerstoff.

6 Verdauung

Wichtige Inhaltsstoffe der Nahrung wie Eiweiße, Kohlenhydrate und Fette werden vom Blut aufgenommen und im Körper verteilt. Gleichzeitig transportiert das Blut Abfallstoffe des Körpers zum Darm, damit sie ausgeschieden werden können.

7 Nieren

Abfallstoffe des Körpers wie Harnstoff werden vom Blut zu den Nieren transportiert. Mit dem Harn werden sie ausgeschieden.

8 Puls

Wenn man mit zwei Fingern auf die Innenseite des Handgelenks drückt, kann man den Herzschlag an der Stelle unterhalb des Daumens fühlen.

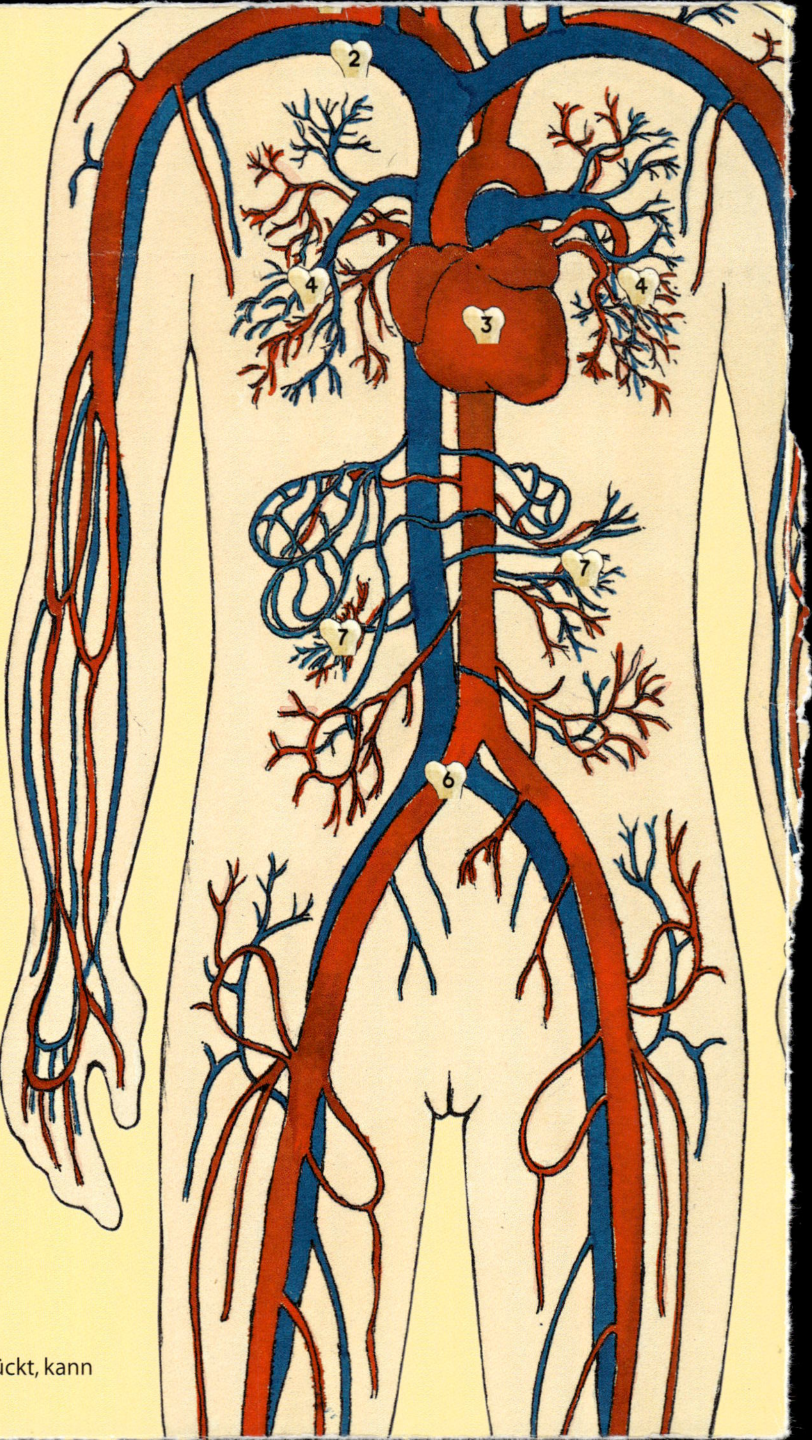

cbj

Mein Körper

Das System von Adern, durch die das Blut durch den ganzen Körper fließt, nennt man **Blutkreislauf**. Zum Blutkreislauf gehört auch das Herz.

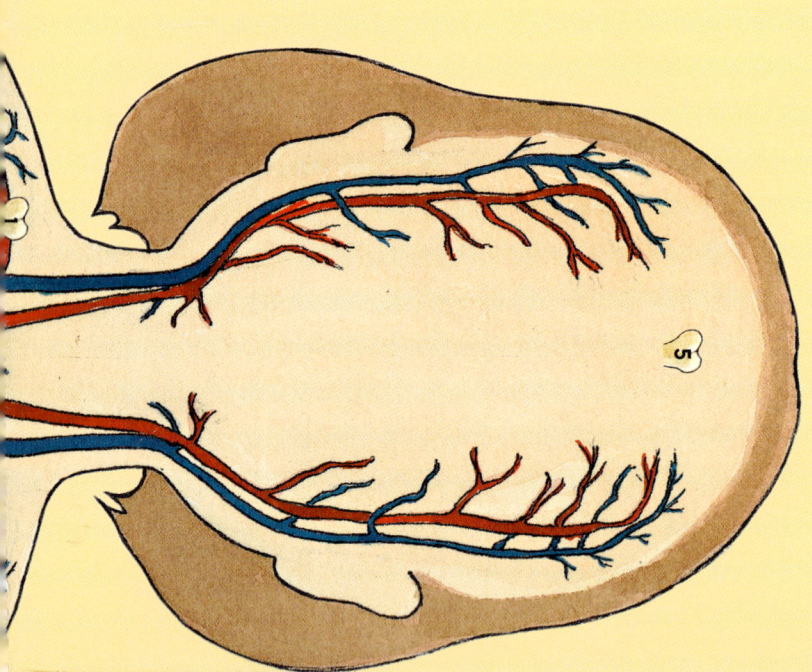

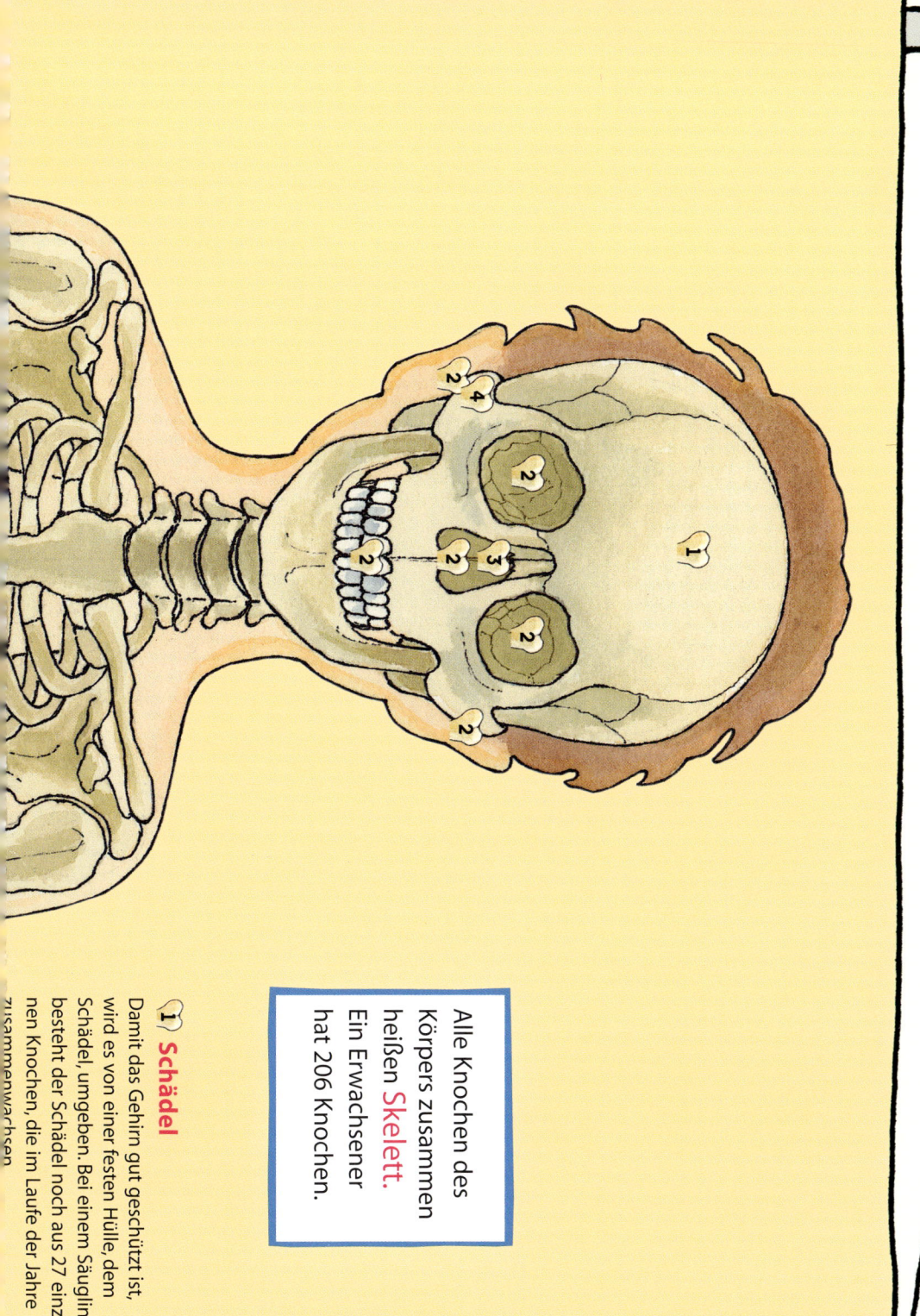

Alle Knochen des
Körpers zusammen
heißen Skelett.
Ein Erwachsener
hat 206 Knochen.

1 Schädel

Damit das Gehirn gut geschützt ist,
wird es von einer festen Hülle, dem
Schädel, umgeben. Bei einem Säugling
besteht der Schädel noch aus 27 einzelnen Knochen, die im Laufe der Jahre
zusammenwachsen.

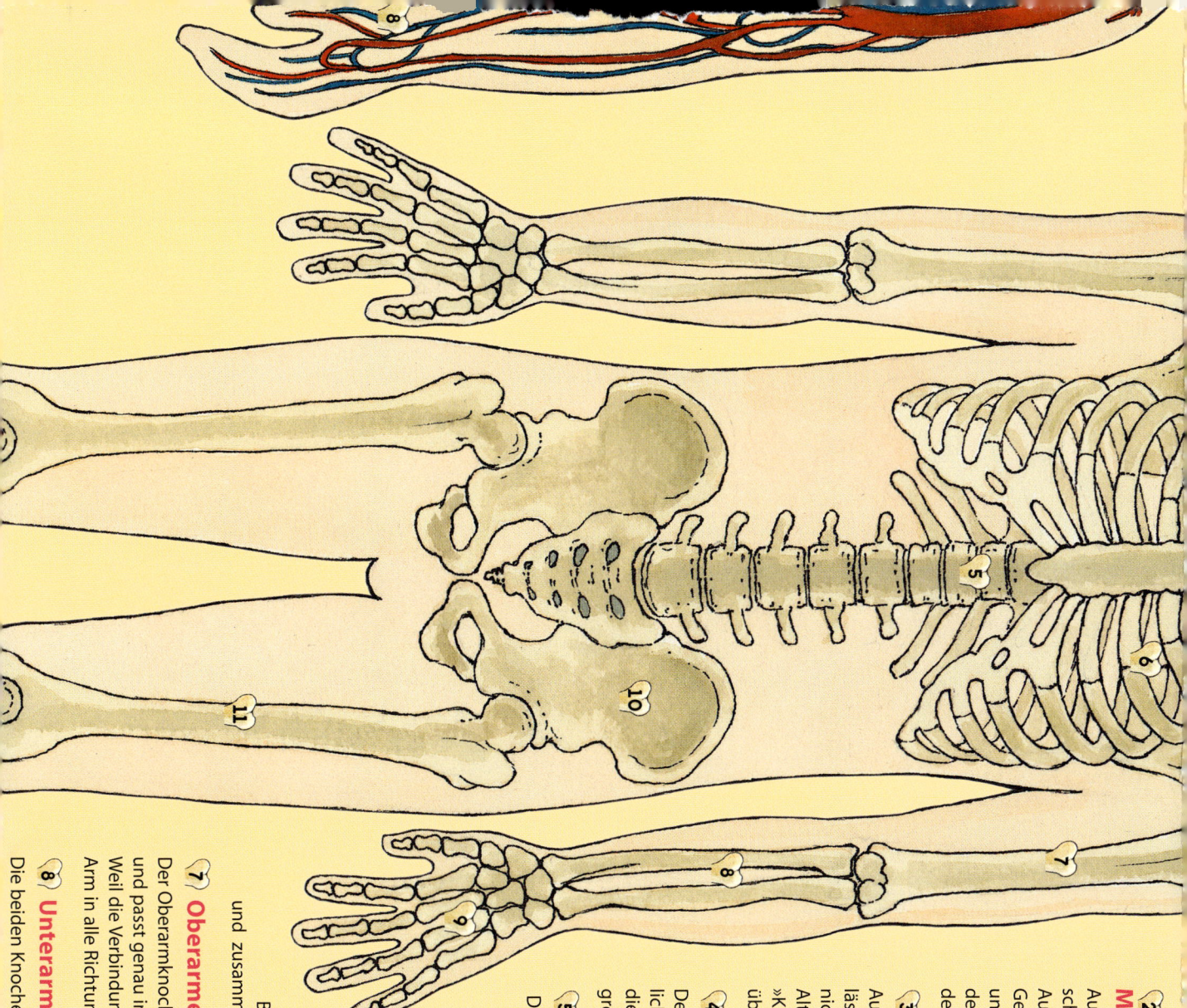

2 Augenhöhlen, Nase, Mund und Ohren

Auch die wichtigen Sinnesorgane schützt der Schädelknochen. Die Augen liegen in den Augenhöhlen, Geschmacks- und Geruchssinn in Nase und Mund und die wichtigsten Teile des Ohres liegen ebenfalls innen unter der schützenden Knochenschale.

3 Nasenbein

Auch wenn der Name es vermuten lässt: Mit dem Nasenbein kann man nicht laufen! »Bein« kommt aus dem Althochdeutschen und bedeutet »Knochen«. Also heißt Nasenbein übersetzt einfach Nasenknochen.

4 Steigbügel

Der kleinste Knochen des menschlichen Körpers ist der Steigbügel. Er dient dem Hören und ist nur 3 mm groß.

5 Wirbelsäule

Die Wirbelsäule besteht aus 33 Wirbeln. Sie stützt unseren Körper und ermöglicht den aufrechten Gang. Durch die Wirbel verlaufen wichtige Nerven: das Rückenmark.

6 Brustkorb

Der Brustkorb ist zum einen ein fester Schutz für Herz und Lungen, zum anderen sind die Rippen so beweglich, dass sich der Brustkorb beim Atmen ausdehnen und zusammenziehen kann.

7 Oberarme

Der Oberarmknochen ist an seinem oberen Ende rund und passt genau in die Aushöhlung am Schulterblatt. Weil die Verbindung ein Kugelgelenk ist, kann man den Arm in alle Richtungen drehen.

8 Unterarme

Die beiden Knochen des Unterarms heißen Elle und

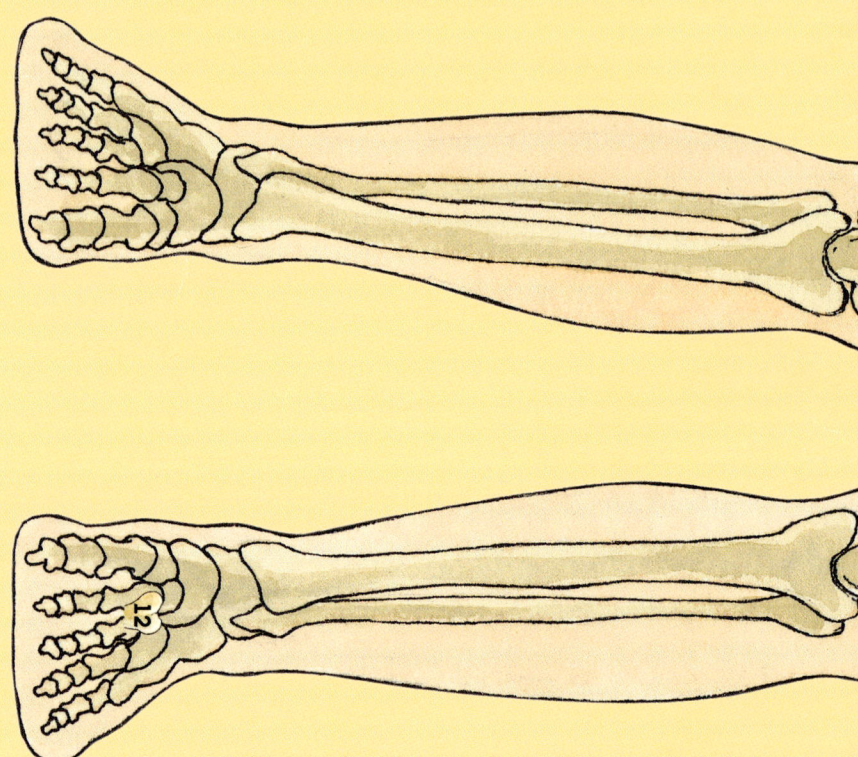

speiche. Es sind die Knochen des Körpers, die am häufigsten brechen. Meist in der Nähe des Handgelenks.

9 Hände
Jede Hand besteht aus 27 einzelnen Knochen. Dadurch sind die Finger so beweglich, dass man mit den Händen viele verschiedene Dinge machen kann: zum Beispiel greifen, etwas fest halten oder Klavier spielen.

10 Becken
Die Knochenschalen des Beckens schützen Darm und Blase sowie die Geschlechtsorgane. Das Becken der Frau ist breiter gebaut als das des Mannes, damit ein Baby bei der Geburt genug Platz hat.

11 Oberschenkel
Der Oberschenkelknochen ist der größte Knochen des menschlichen Körpers. Seine Länge beträgt ein Viertel der gesamten Körpergröße.

12 Füße
Ungefähr die Hälfte der 206 Knochen des Körpers befindet sich in Händen und Füßen. Der Fuß besteht aus sehr vielen kleinen Knochen, die durch Muskeln, Sehnen und Bänder miteinander verbunden sind.

FRAG
doch mal...

Daniela Nase

Mein Körper

Mit Illustrationen von
Clara Suetens

Kinder- und Jugendbuchverlag
in der Verlagsgruppe Random House

*Unser herzlicher Dank gilt Dr. Birgit Hackenbroch, Dr. Helma Kagerer,
Prof. Dr. Andreas Kulozik (PhD), Dr. Ulrike Prospiech und
Hilla Stadtbäumer von der Redaktion der »Sendung mit der Maus«.*

Verlagsgruppe Random House FSC® N001967
Das für dieses Buch verwendete FSC®-zertifizierte Papier
Profibulk von Sappi liefert IGEPA.

Gesetzt nach den Regeln der Rechtschreibreform

4. Auflage
© 2007 cbj, München
© I. Schmitt-Menzel / WDR mediagroup licensing GmbH
Die Sendung mit der Maus ® WDR
Lizenzagentur: BAVARIA SONOR, D-82031 Geiselgasteig
Alle Rechte vorbehalten
Lektorat: Ulrike Hauswaldt
Redaktion: Anette Reiter
Bildredaktion: Tanja Nerger
Umschlagbild und Innenillustrationen: Clara Suetens
Umschlagkonzeption: Init. büro für gestaltung, Bielefeld
Bildnachweis für Innenfotos: AKG, Berlin: 5 re. u. (N.N.); Gettyimages,
München: 4, 5 m. (Stone/UHB Trust), 25 (Riser/Jakob Helbig), 49 (Image Bank/Kendall Mc Minimy);
Mauritius Images, Mittenwald: 5 li. o. (Photo Researchers), 51 (Uwe Umstätter);
Royalty Free: 5 li. u. (Corbis/Goodshot); Science Pictures, München: 4 re. o. (Mauritius Images/Phototake)
Mausillustrationen: Ina Steinmetz
AR • Herstellung: IH
Layout und Satz: Sabine Hüttenkofer, Großdingharting
Reproduktion: Wahl Media GmbH, München
Gesamtherstellung: Print Consult GmbH, München
ISBN 978-3-570-13152-7
Printed in the Slovak Republic

www.cbj-verlag.de

Inhalt

* Alle im Text farbig hervorgehobenen Begriffe werden im Mauslexikon erklärt.

Warum kann man beim Röntgenbild die Knochen sehen?

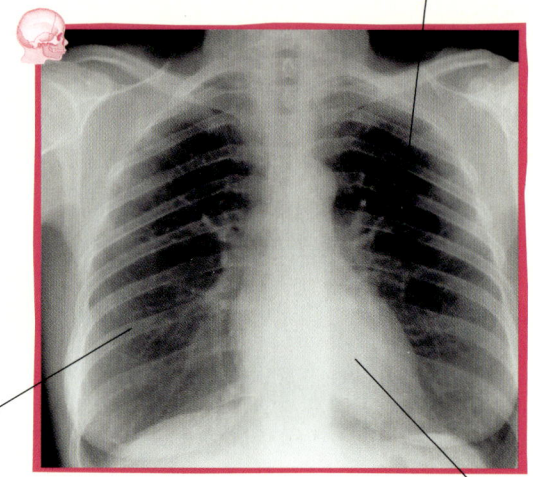

Lunge (mit Luft gefüllt)

Rippe

Herz

Röntgenbild einer Brust

Das ist das Röntgenbild einer menschlichen Brust. Mithilfe der Röntgentechnik kann man etwas ganz Besonderes: in das Innere eines Menschen gucken, ohne ihn aufzuschneiden.

Das funktioniert so: Ein Gerät gibt Strahlen ab, die durch den Körper geschickt werden. Hinter dem Körper ist eine Fotoplatte montiert. Die Röntgenstrahlen belichten den Film in dieser Platte. Die Strahlen kommen aber nicht überall gleich gut hindurch. Luft ist für sie kein Problem, deshalb treffen überall dort, wo Luft ist, besonders viele Strahlen auf den Film.

Bei der Röntgenaufnahme oben kann man das gut sehen: Die Lunge ist luftgefüllt und bildet sich schwarz ab. Das genaue Gegenteil sind Knochen. Sie schlucken die meisten Strahlen, auf dem Film kommt nichts an und deshalb bleibt der Film an dieser Stelle hell. Weiche Körperteile wie das Herz schlucken einen Teil der Strahlen. Sie färben den Film deshalb nur leicht und lassen sich gut von den Knochen unterscheiden.
Solche Röntgenaufnahmen sind wichtig für den Arzt. Wenn man zum Beispiel mit dem Fahrrad gestürzt ist, kann er so feststellen, ob dabei Knochen gebrochen sind.

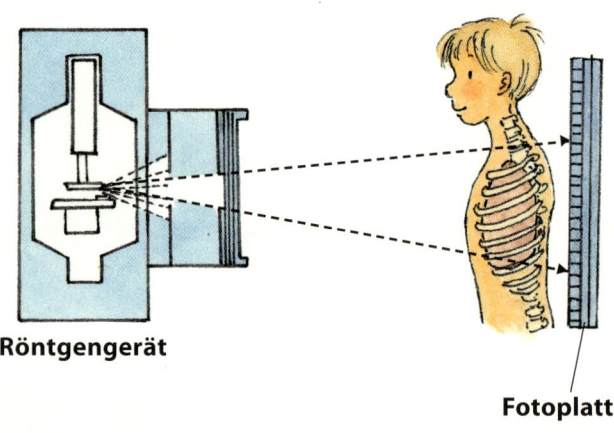

Röntgengerät

Fotoplatte

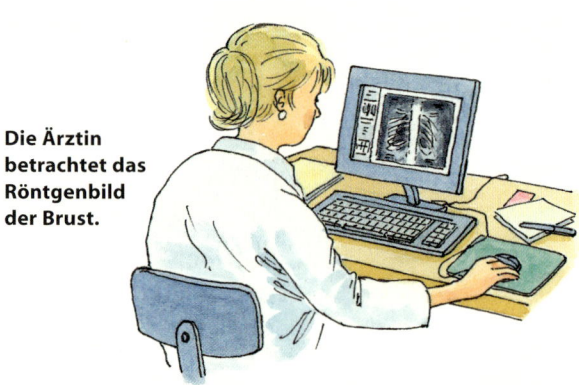

Die Ärztin betrachtet das Röntgenbild der Brust.

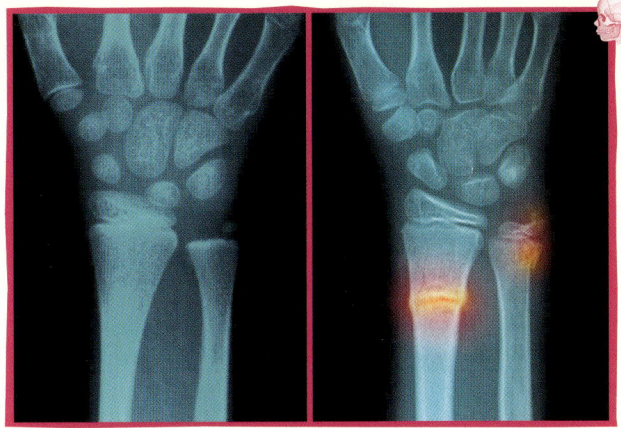

Bei der rechten Röntgenaufnahme ist deutlich zu erkennen: Elle und Speiche sind gebrochen. Links sind alle Knochen heil.

Es war aber nicht immer so, dass Ärzte die Möglichkeit hatten, in den Körper eines Menschen zu gucken. Das lag nicht nur an der fehlenden Technik. Bis ins Mittelalter war es verboten, Tote zu sezieren. Sezieren bedeutet, den Körper zu öffnen, um einzelne Teile genauer anzusehen. Deshalb wusste lange keiner genau, wie es im Inneren eines menschlichen Körpers aussieht. Entsprechend schlecht konnte man Krankheiten heilen.

Heute gibt es verschiedene Techniken, mit deren Hilfe man in das Innere des Körpers gucken kann. Hier zwei weitere Beispiele:

Erst als sich die Gesetze im 16. Jahrhundert lockerten und Ärzten, die sezierten, nicht mehr die Todesstrafe drohte, gelang dem Arzt Andreas Vesalius der Durchbruch: Er sezierte und veröffentlichte die ersten genauen Zeichnungen vom Inneren des Körpers, den Muskeln, Knochen, Sehnen und Organen.

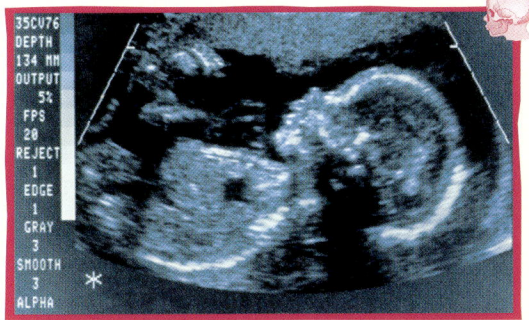

Ein Ultraschallgerät arbeitet mit Schallwellen. Diese Ultraschallaufnahme zeigt ein 16 Wochen altes Baby im Bauch seiner Mutter.

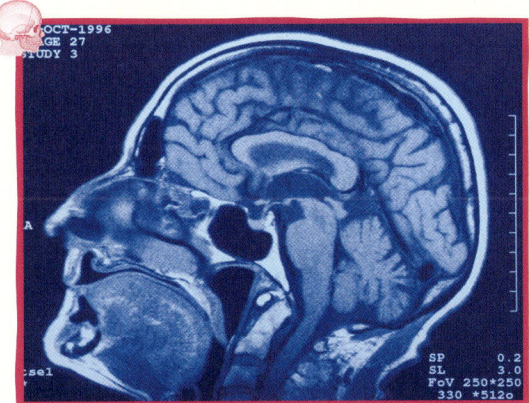

So sieht das Gehirn eines Menschen aus. Die Aufnahme ist eine Kernspinresonanztomographie. Dabei wird das Bild durch starke Magnete oder Radiowellen erzeugt.

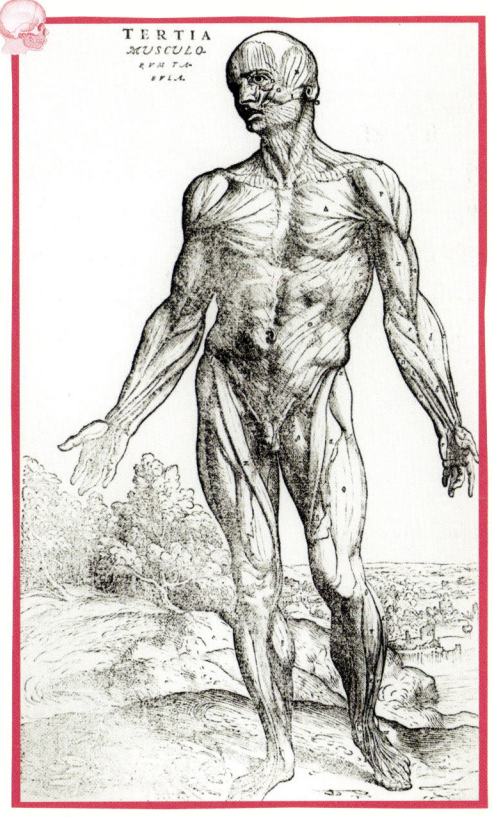

Woraus bestehen Knochen?

Guckt man sich Knochen, Blut, Haut, Muskeln oder Organe einmal genauer an, stellt man fest, dass sie ganz unterschiedlich aussehen. Sie sind hart oder weich, fest oder flüssig und haben unterschiedliche Farben. Umso erstaunlicher ist es, dass sie dennoch alle aus demselben Grundbaustein bestehen: der Zelle.

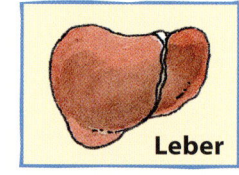

Leber

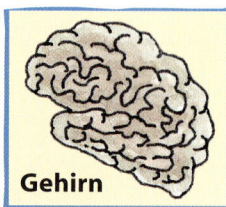

Gehirn

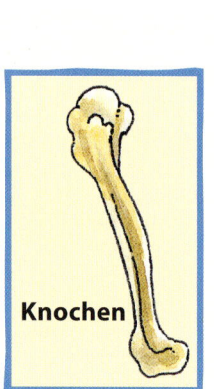

Muskel

Knochen

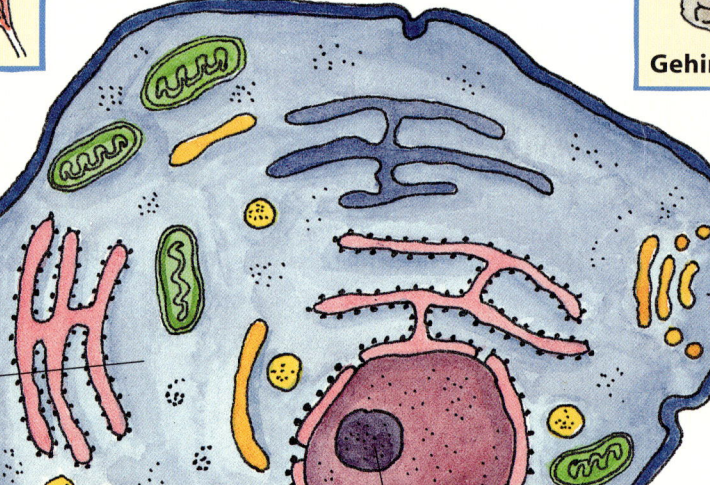

Zelle

Zytoplasma:
Flüssigkeit in der Zelle, die zu ungefähr 90% aus Wasser besteht.
Im Zytoplasma befinden sich viele kleine Bestandteile, die das Leben der Zelle steuern.

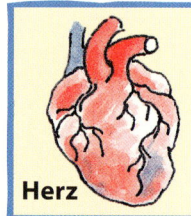

Herz

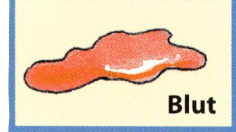

Blut

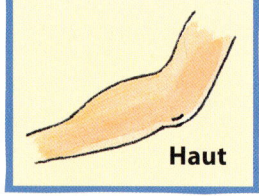

Haut

Im **Zellkern** befinden sich die Erbinformationen.

Zellmembran: äußere Hülle der Zelle, die nur ganz bestimmte Stoffe in die Zelle hinein- oder aus ihr herauslässt.

Der Körper eines Erwachsenen besteht aus ungefähr 100 Billionen Zellen. Eine unvorstellbar große Zahl mit 14 Nullen:

100000000000000 Zellen!

Wären alle 100 Billionen Zellen gleich, könnte es keine Unterschiede zwischen den einzelnen Teilen des Körpers geben.
Weil aber zum Beispiel Knochen ganz anders als Blut sind, müssen auch die Zellen unterschiedlich sein. Tatsächlich gibt es ungefähr 220 unterschiedliche Arten von Zellen. Die Zahl ist immerhin übersichtlich:

220 Arten von Zellen

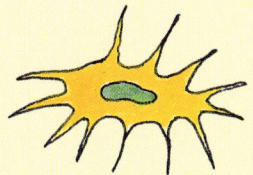

Das hier ist eine **Knochenzelle.** Sie lagert an ihrer Außenhülle Mineralien und Eiweiße ab, die den Knochen hart und stabil machen.

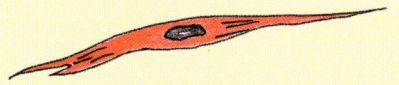

In einer **Muskelzelle** sieht es aus, als würden viele feine Fäden nebeneinanderliegen und ineinandergreifen. Das macht sie so dehnbar.

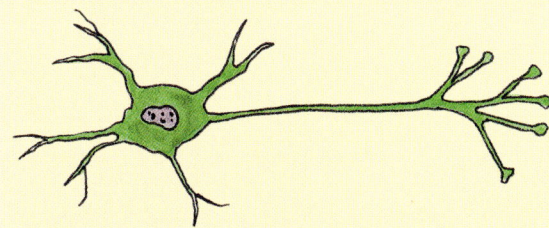

Nervenzellen müssen Informationen im Körper weiterleiten, zum Beispiel, dass man sich wehgetan hat. Dafür haben sie lange Fortsätze, die wie Leitungen aussehen und über die sie elektrisch Nachrichten senden.

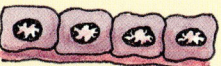

Aus solchen **Epithelzellen** bauen sich zum Beispiel Haut und Fingernägel auf. Sie schützen den Körper.

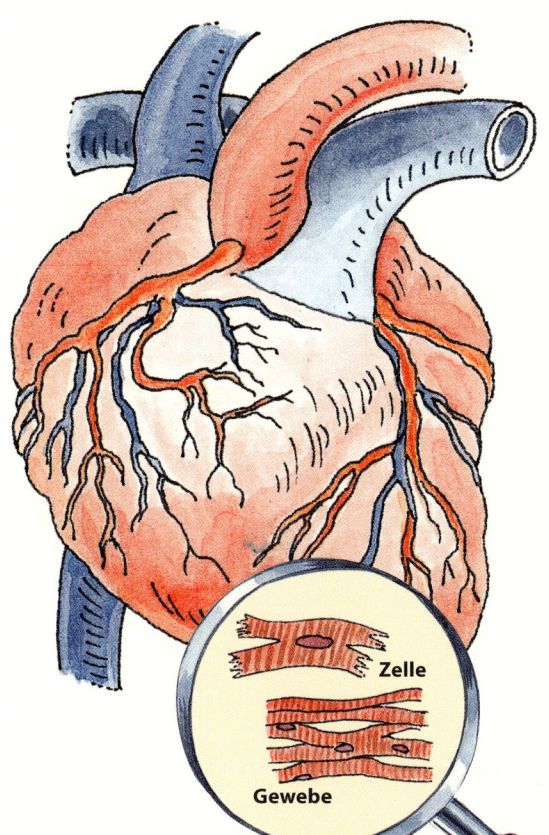

Zelle

Gewebe

Mehrere gleiche Zellen zusammen bilden ein Gewebe. So sieht zum Beispiel das Muskelgewebe im Herz aus.

Verschiedene Gewebe verbinden sich und bilden ein Organ, hier das Herz.

Warum haben Menschen
so viele Knochen?

Zuerst einmal etwas Erstaunliches: Wenn ein Kind geboren wird, hat es ungefähr 350 Knochen. Ein Erwachsener hat nur noch 206 Knochen. Da der ganze Körper von einer festen Hülle, der Haut, umgeben ist, spricht nicht viel dafür, dass die Knochen mit den Jahren einfach verloren gehen. Das hätte man vermutlich auch bemerkt.

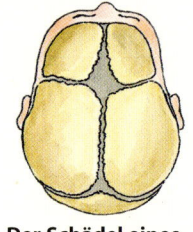

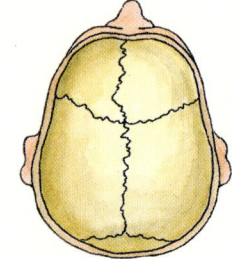

Der Schädel eines Säuglings

Ein Erwachsenenschädel

Es gibt eine andere Erklärung für das »Verschwinden« der Knochen: Sie wachsen zusammen. Bei Babys kann man das an einer Stelle des Körpers sogar fühlen. Wenn man ganz vorsichtig und leicht über den Kopf eines Babys streicht, spürt man dort, wo der Mittelscheitel sitzt, eine Lücke. An dieser Stelle sind die Schädelknochen des Babys noch getrennt. Im Laufe der Jahre wachsen sie zusammen. Das geschieht nicht nur am Kopf, sondern an vielen Stellen des Körpers.

Knochen haben zwei wichtige Aufgaben: Sie stützen den Körper wie ein Baugerüst. Und weil sie so hart sind, bilden sie außerdem einen guten Schutz für alle weicheren Teile im Körper. Das Gehirn wird von den Schädelknochen geschützt und Herz und Lunge von den Knochen des Brustkorbs. Auch die Augen liegen geschützt in der knöchernen Augenhöhle und die wichtigsten Teile des Ohres sind im Schläfenbein versteckt.

1. **Schädel**
2. **Schläfenbein**
3. **Unterkiefer**
4. **Schlüsselbein**
5. **Oberarmknochen**
6. **Elle**
7. **Speiche**
8. **Hand- und Fingerknochen**
9. **Brustbein**
10. **Rippen**
11. **Wirbel**
12. **Hüftknochen**
13. **Steißbein**
14. **Oberschenkelknochen**
15. **Kniescheibe**
16. **Schienbein**
17. **Wadenbein**
18. **Fuß- und Zehenknochen**

Knochen sind sehr stabil. Das liegt daran, dass sie eine sehr harte Außenschicht haben. Wäre der ganze Knochen so gebaut, wäre er aber viel zu schwer. Deshalb besteht der innere Teil des Knochens aus Knochenbälkchen. Sie sind fest, haben aber viele Lücken und Hohlräume, ähnlich wie ein Lastkran. Das macht das Ganze viel leichter. In den Hohlräumen sitzt das Knochenmark. Es bildet Blutzellen und speichert Fett. Umhüllt wird der Knochen von der Knochenhaut, die ihn schützt und mit wichtigen Nährstoffen versorgt.

Der größte Knochen des Menschen ist der Oberschenkelknochen. Seine Länge beträgt ein Viertel der gesamten Körpergröße. Der kleinste Knochen versteckt sich im Ohr. Er heißt Steigbügel und ist nur 3 mm groß.

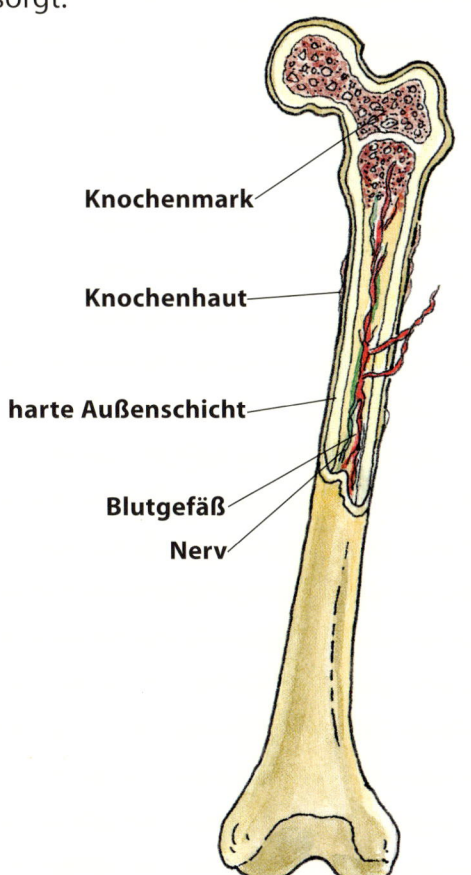

Knochenmark

Knochenhaut

harte Außenschicht

Blutgefäß

Nerv

Oberschenkelknochen

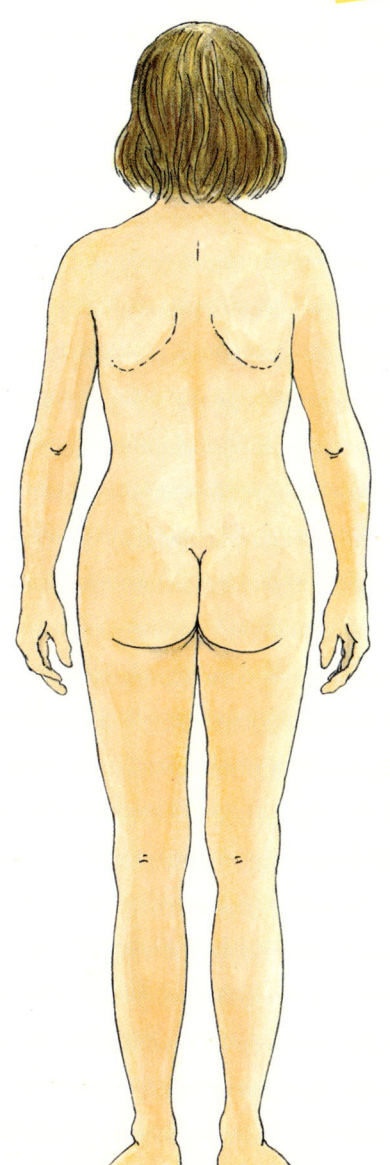

9

Warum schlenkern Menschen beim Laufen mit den Armen?

Bevor wir das Schlenkern der Arme erklären können, müssen wir herausfinden, wie sich Menschen überhaupt bewegen. Die 206 Knochen allein können dafür nicht ausreichen, denn ohne Verbindung und Stütze müssten sie im Körper alle durcheinandergestapelt liegen. Das sähe dann ungefähr so aus:

wie eine Kugel geformt ist. Der andere Knochen ist am Ende so ausgehöhlt, dass die Kugel genau hineinpasst. Dieser Knochen lässt sich in viele Richtungen drehen, wie der Stößel bei einem Mörser.

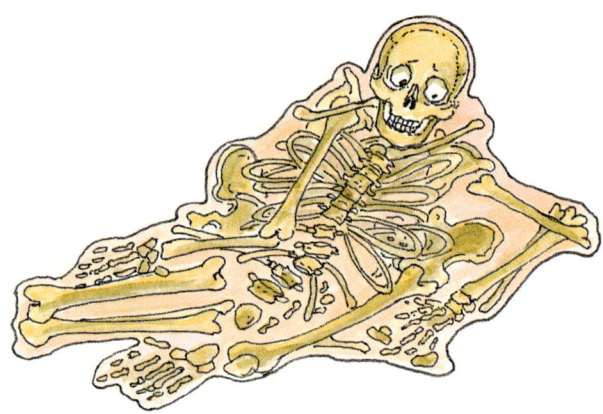

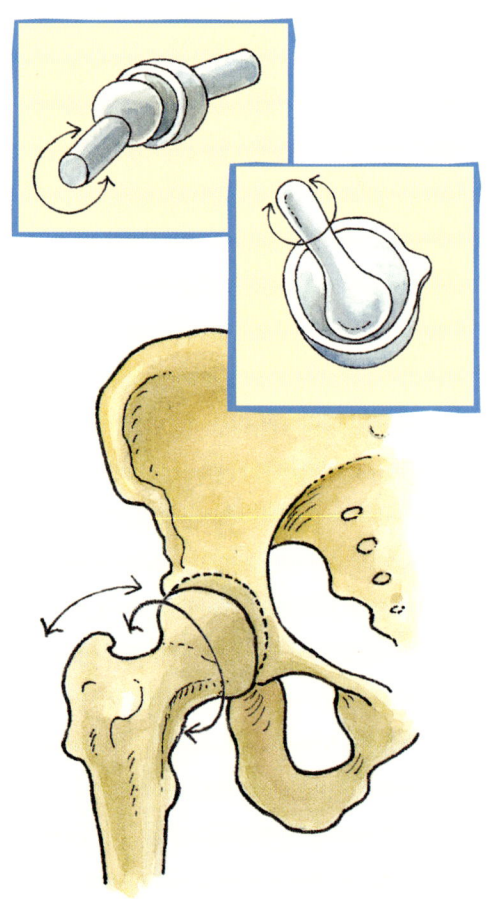

Damit der Mensch kein schlaffer Knochensack ist, hat er Gelenke, Sehnen, Bänder und Muskeln, die die Knochen zusammenhalten, stützen und beweglich machen.

Ein Gelenk ist die Stelle, an der Knochen aufeinandertreffen. Es gibt sehr bewegliche Gelenke, wie die Kugelgelenke der Schulter oder der Hüfte. Das Kugelgelenk hat seinen Namen daher, dass ein Knochen am Ende

Kugelgelenk der Hüfte

Das Blut schwappt natürlich nicht einfach so im Körper herum. Es fließt durch Blutgefäße, die man sich wie viele unterschiedlich dicke Rohre vorstellen kann.

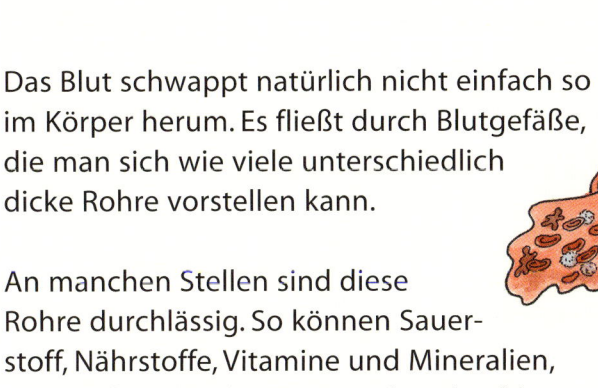

Ader

Blut

An manchen Stellen sind diese Rohre durchlässig. So können Sauerstoff, Nährstoffe, Vitamine und Mineralien, die im Blut transportiert werden, dorthin gelangen, wo sie gebraucht werden. Das Herz pumpt das Blut durch den ganzen Körper. Das System von Adern, durch die das Blut durch den ganzen Körper fließt, nennt man Blutkreislauf.

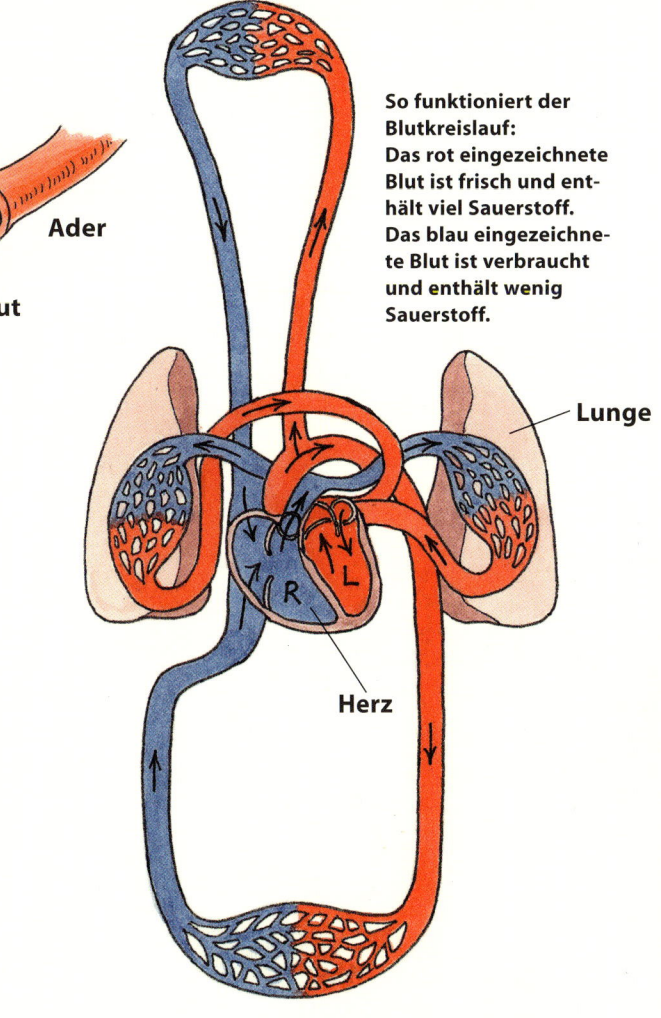

So funktioniert der Blutkreislauf:
Das rot eingezeichnete Blut ist frisch und enthält viel Sauerstoff. Das blau eingezeichnete Blut ist verbraucht und enthält wenig Sauerstoff.

Lunge

Herz

R **L**

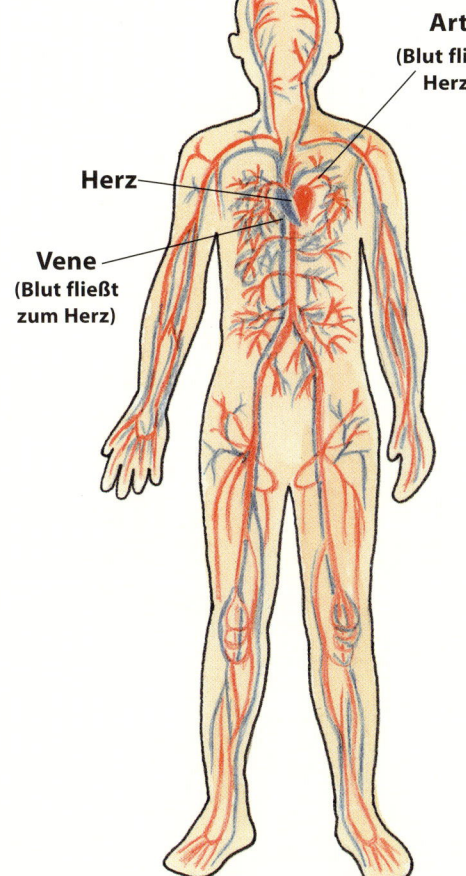

Arterie
(Blut fließt vom Herz weg)

Herz

Vene
(Blut fließt zum Herz)

Blutkreislauf

Von Adligen heißt es manchmal, sie hätten blaues Blut. In Wirklichkeit hat ihr Blut keine andere Farbe. Doch Adlige waren früher oft hellhäutiger als das übrige Volk, weil sie nicht in der Sonne arbeiten mussten. Wenn man blass ist, scheinen die Venen bläulich durch die Haut.

Wie kann das Herz ohne Motor schlagen?

Einen Motor, wie zum Beispiel ein Auto, hat das Herz tatsächlich nicht. Dennoch verfügt es über einen eigenen Antrieb, der das Herz eines Erwachsenen ungefähr 70-mal in der Minute schlagen lässt. Ein Kinderherz schlägt sogar noch öfter, ungefähr 90-mal pro Minute.

Was sich da bewegt, ist ein Muskel. Er ist ungefähr so groß wie eine Faust. Der Herzmuskel kann sich zusammenziehen und entspannen. Dabei pumpt er das Blut durch den ganzen Körper.

Um genau zu sein, besteht das Herz eigentlich aus zwei Hälften – einer linken und einer rechten. Fangen wir mit der rechten Seite an: Über die obere und untere Hohlvene kommt aus allen Teilen des Körpers verbrauchtes Blut, also Blut, das wenig Sauerstoff und viel Kohlendioxid enthält, im Herz an.

Wenn der Herzmuskel erschlafft, fließt es in den rechten Vorhof. Von dort geht es weiter in die rechte Herzkammer. Damit das Blut nicht zurück in den Vorhof fließen kann, gibt es eine Herzklappe, die sich nur in eine Richtung öffnet und dann wieder schließt.

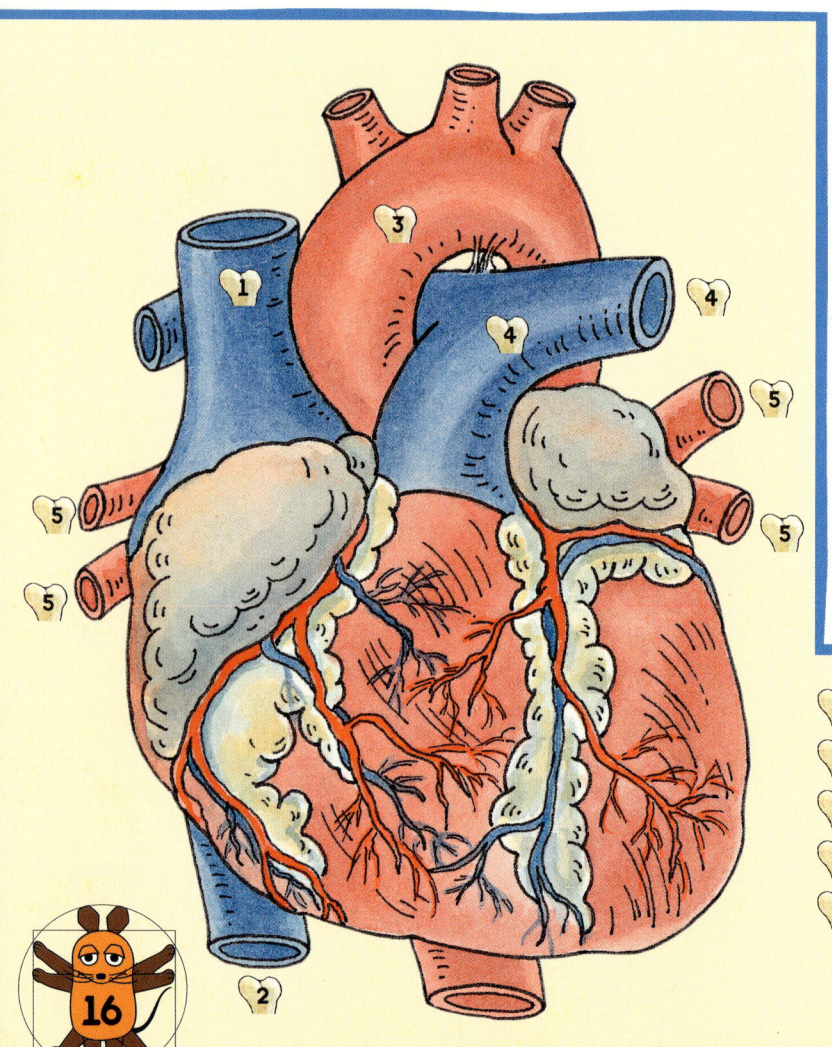

1 Obere Hohlvene
2 Untere Hohlvene
3 Hauptschlagader
4 Lungenarterie
5 Lungenvene

16

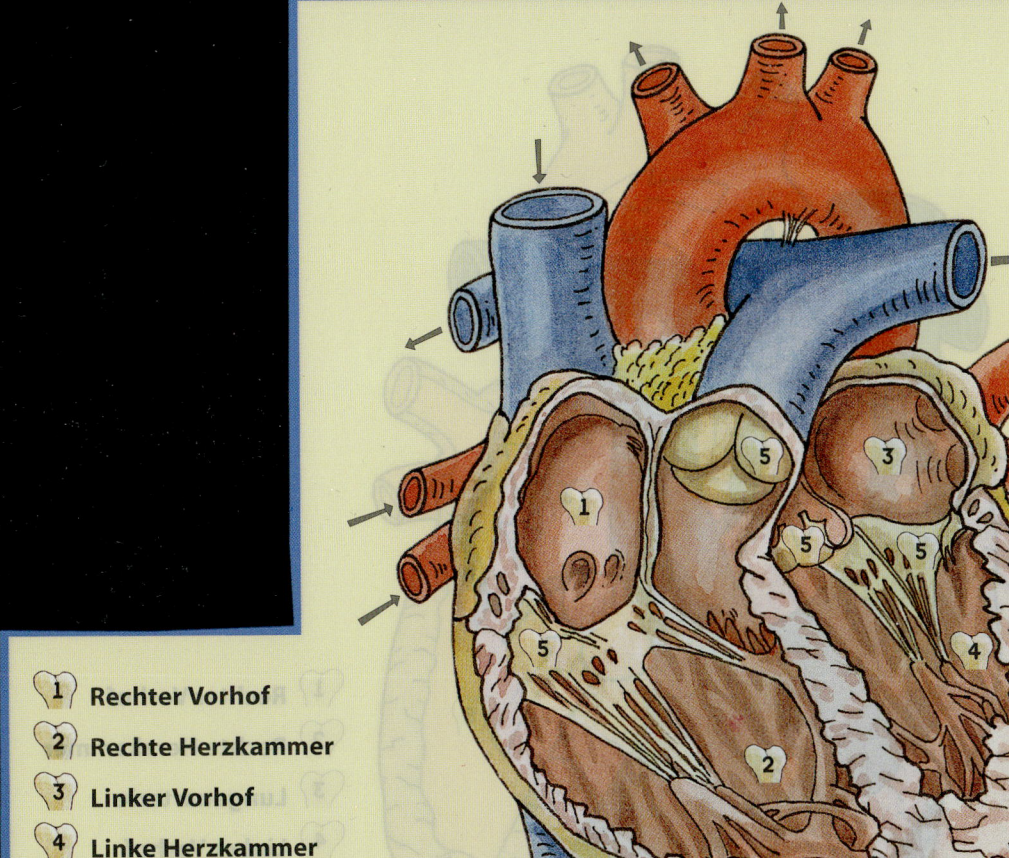

1   **Rechter Vorhof**

2   **Rechte Herzkammer**

3   **Linker Vorhof**

4   **Linke Herzkammer**

5   **Herzklappen**

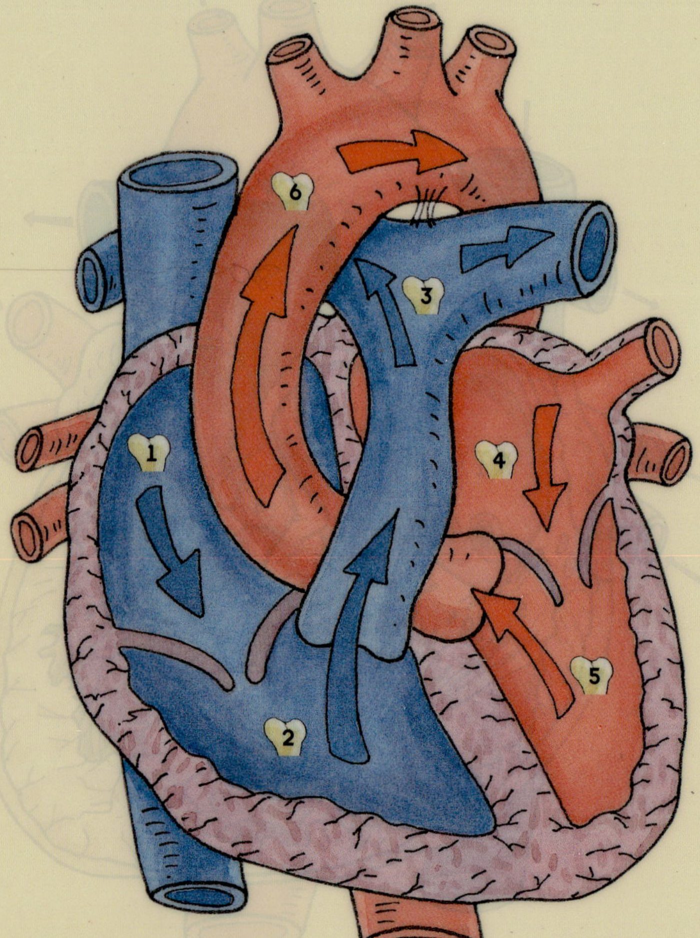

1	**Rechter Vorhof**
2	**Rechte Herzkammer**
3	**Lungenarterie**
4	**Linker Vorhof**
5	**Linke Herzkammer**
6	**Hauptschlagader**

Wenn die Herzkammer gefüllt ist, zieht sich der Herzmuskel zusammen und presst das Blut in die Lungenarterie. Damit auch aus der Lungenarterie kein Blut in die Kammer zurückfließen kann, gibt es auch dort eine Klappe, die das Blut nur in eine Richtung hindurchlässt. In der Lungenarterie fließt das Blut zur Lunge, wo das Kohlendioxid abgegeben und neuer Sauerstoff aufgenommen wird.

Die linke Seite des Herzens ist ähnlich aufgebaut wie die rechte. Nur fließt hier frisches, also sauerstoffreiches Blut. Es kommt aus der Lunge und fließt über die Lungenvenen in den linken Vorhof. Dann geht es in die linke Herzkammer und wird von dort in die Hauptschlagader gepumpt. Von dort wird das Blut im ganzen Körper verteilt.

Das Herz arbeitet immer, egal ob wir nun wach sind oder schlafen. Wir müssen nicht extra daran denken, damit das Herz schlägt.

Es hat einen eigenen »Antrieb«. Das sind zwei Knoten, die aus besonderen Muskelzellen bestehen und im rechten Vorhof sitzen. Sie senden elektrische Signale aus und melden so dem Muskel, dass er sich zusammenziehen und danach wieder entspannen soll.

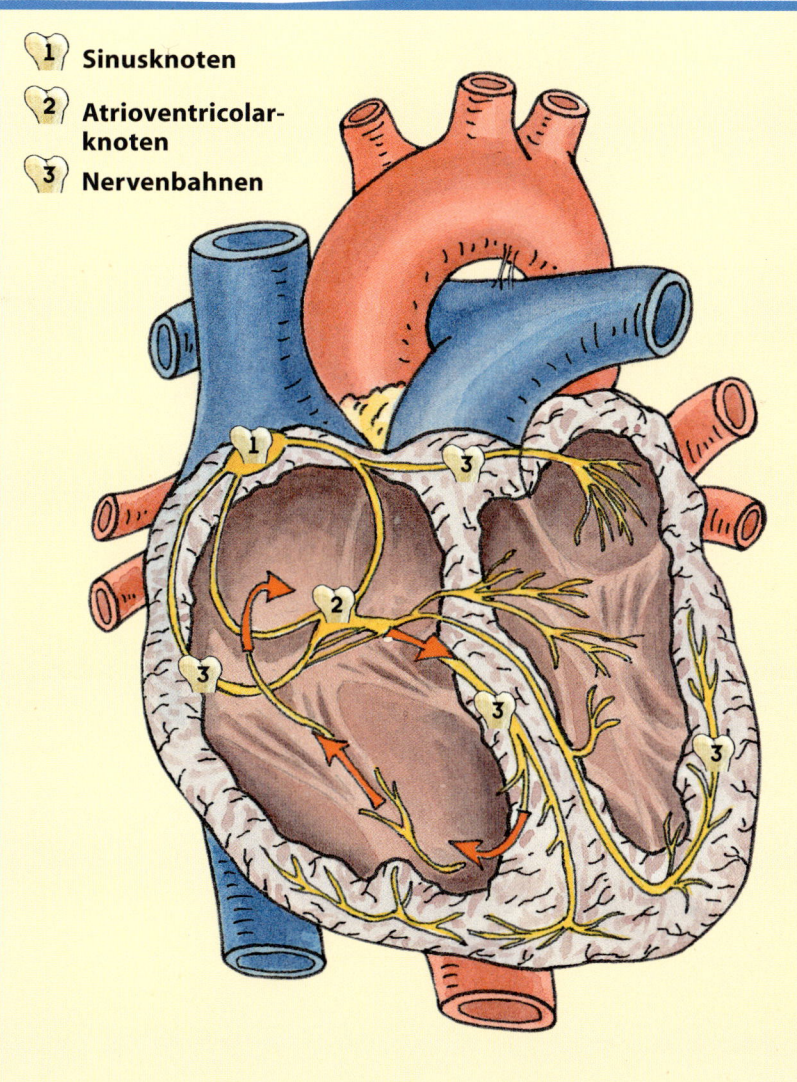

1 Sinusknoten
2 Atrioventricolarknoten
3 Nervenbahnen

Warum haben wir Nerven?

Wenn man barfuß über eine Wiese geht, passieren im Körper ganz viele Dinge auf einmal: Das Gehirn meldet an die Beine, dass sie gehen sollen, bekommt gleichzeitig die Nachricht, dass es nach frisch gemähtem Gras riecht, der Zeh meldet Schmerzen, weil sich ein Dorn in die Haut gedrückt hat, Magen und Darm arbeiten, ohne dass man es merkt, und so weiter und so weiter.

All diese Informationen werden aufgenommen, verarbeitet und verschickt. Und dafür sind die Nerven zuständig. Eine einzelne Nervenzelle sieht zum Beispiel so aus:

Alle Nerven zusammen bilden das Nervensystem. Es ähnelt vielfach verzweigten Leitungen, die durch den ganzen Körper verlaufen.

Über diese Leitungen werden Informationen als elektrische Signale verschickt. Elektrische Signale kann man sich vorstellen, als würde man eine Lampe ganz schnell und oft hintereinander an- und ausschalten.

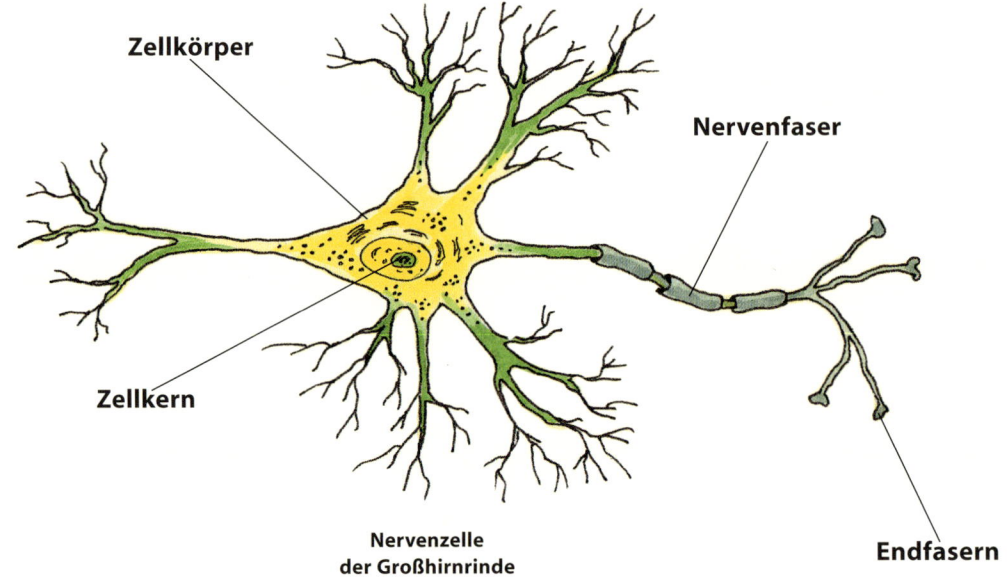

Zellkörper

Nervenfaser

Zellkern

Nervenzelle der Großhirnrinde

Endfasern

18

Es gibt zwei verschiedene Arten von Nerven-
leitungen:

1. Die einen leiten die Informationen einfach weiter, bearbeiten sie aber nicht.
Dieser Teil der Leitungen ist auf dem Bild
grün eingezeichnet.

2. Die anderen verarbeiten die Informationen. Diese Nerven liegen in Gehirn und
Rückenmark. In der Zeichnung sind sie
gelb.

Um zu verstehen, wie die beiden Systeme
arbeiten, kehren wir noch einmal zurück zu
dem nackten Fuß, der auf einen Dorn getre-
ten ist. Wenn der Dorn in die Haut eindringt,
trifft er auf Endfasern der Nerven. Sie schicken sofort ein elektrisches Signal über die
Nervenleitung zum Rückenmark.

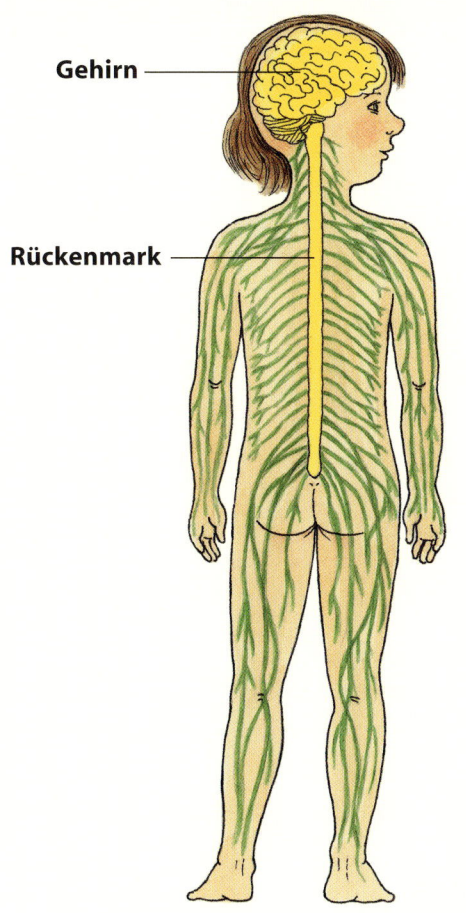

Und nun passiert zweierlei: Ein Signal
geht sofort ans Gehirn. Ein zweites Signal
geht gleichzeitig direkt an die Muskeln
des Beines – ohne Umweg über das Hirn.
Die Muskeln ziehen sich zusammen und
man zuckt zurück. Der Körper reagiert also schon, bevor das Gehirn die Nachricht
über den Dorn als Schmerz erkannt hat.

Die Nerven haben – ohne Nachdenken –
die Muskeln zucken lassen und gleichzeitig das Gehirn in die Lage versetzt, den
Dorn als schmerzenden Störenfried zu
erkennen.

Warum ist das Gehirn nicht irgendwann überfüllt?

Als Erstes die gute Nachricht: Es besteht kein Grund zur Sorge. Unser Gehirn droht nicht wegen Überfüllung geschlossen zu werden – ganz im Gegenteil. Wir nutzen nur einen Teil unseres Gehirns wirklich zum Denken.

Obwohl das Gehirn dauernd neue Informationen bekommt, hat es keine Probleme mit ihrer Menge, denn es sortiert aus. Vieles, was wir wahrnehmen, landet nur im Kurzzeitgedächtnis und wird nicht länger gespeichert.

Wer weiß zum Beispiel noch, was er am Mittwoch vor vier Wochen zu Mittag gegessen hat? Unnötige Informationen fliegen schnell wieder raus und machen Platz für Neues. Nur was für wichtig erachtet oder oft wiederholt wird, bleibt hängen: im Langzeitgedächtnis.

Das Gehirn ist die Steuerzentrale unseres Körpers. Es ermöglicht uns nicht nur Denken, sondern auch Fühlen, Sprechen, Hören, Sehen und Bewegung und steuert zum Beispiel auch Schlaf, Atmung und Verdauung.

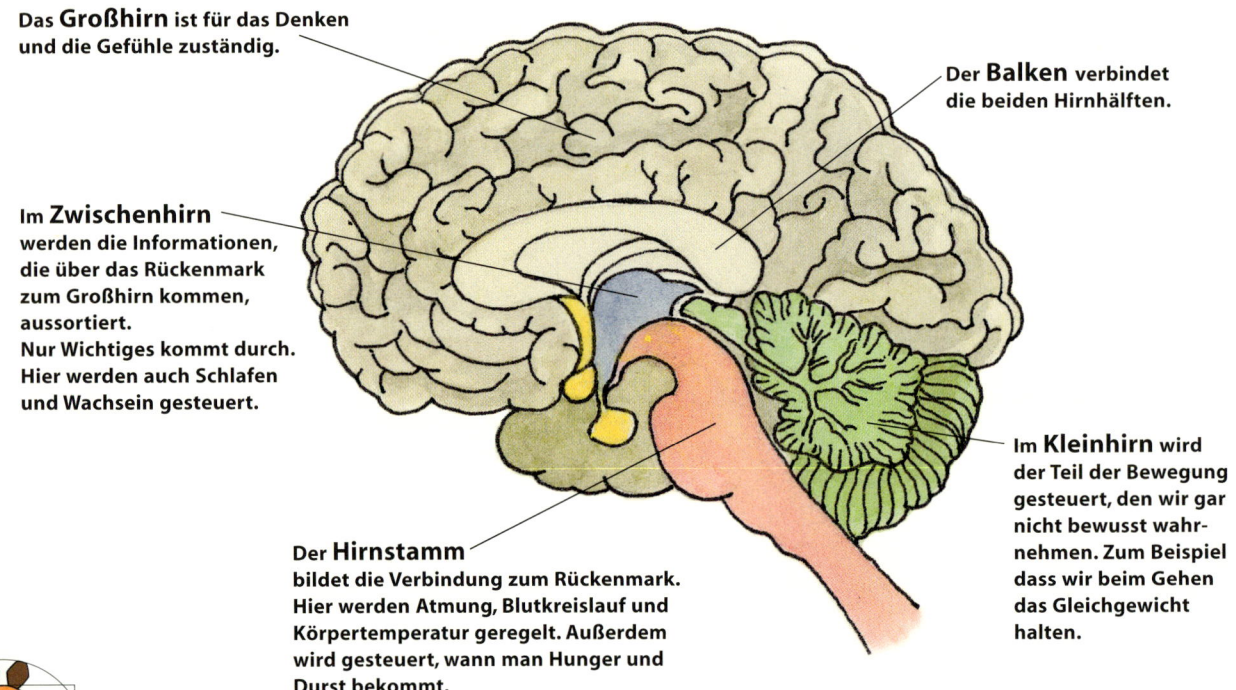

Das Großhirn ist für das Denken und die Gefühle zuständig.

Der Balken verbindet die beiden Hirnhälften.

Im Zwischenhirn werden die Informationen, die über das Rückenmark zum Großhirn kommen, aussortiert. Nur Wichtiges kommt durch. Hier werden auch Schlafen und Wachsein gesteuert.

Im Kleinhirn wird der Teil der Bewegung gesteuert, den wir gar nicht bewusst wahrnehmen. Zum Beispiel dass wir beim Gehen das Gleichgewicht halten.

Der Hirnstamm bildet die Verbindung zum Rückenmark. Hier werden Atmung, Blutkreislauf und Körpertemperatur geregelt. Außerdem wird gesteuert, wann man Hunger und Durst bekommt.

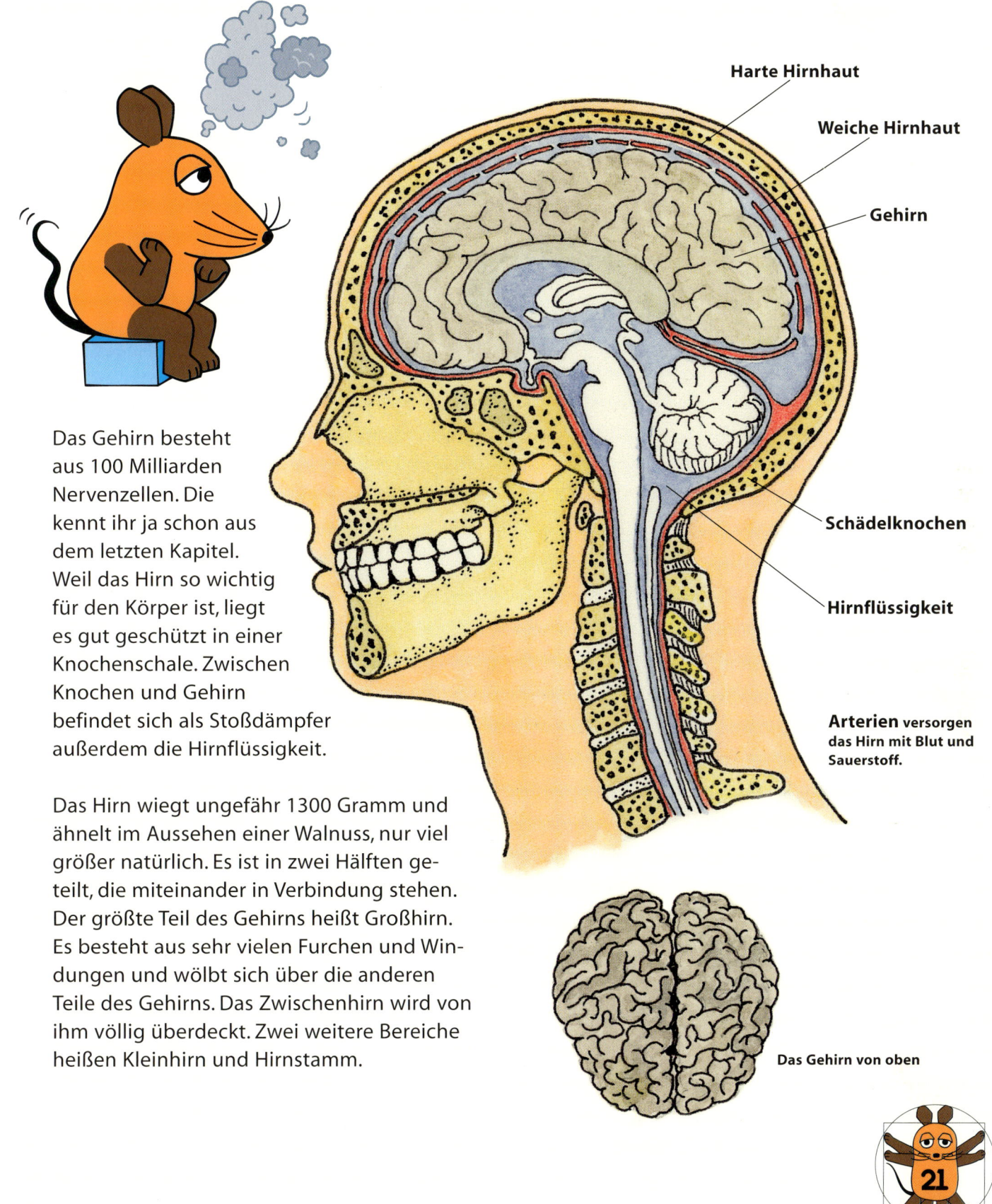

Harte Hirnhaut

Weiche Hirnhaut

Gehirn

Schädelknochen

Hirnflüssigkeit

Arterien versorgen das Hirn mit Blut und Sauerstoff.

Das Gehirn besteht aus 100 Milliarden Nervenzellen. Die kennt ihr ja schon aus dem letzten Kapitel. Weil das Hirn so wichtig für den Körper ist, liegt es gut geschützt in einer Knochenschale. Zwischen Knochen und Gehirn befindet sich als Stoßdämpfer außerdem die Hirnflüssigkeit.

Das Hirn wiegt ungefähr 1300 Gramm und ähnelt im Aussehen einer Walnuss, nur viel größer natürlich. Es ist in zwei Hälften geteilt, die miteinander in Verbindung stehen. Der größte Teil des Gehirns heißt Großhirn. Es besteht aus sehr vielen Furchen und Windungen und wölbt sich über die anderen Teile des Gehirns. Das Zwischenhirn wird von ihm völlig überdeckt. Zwei weitere Bereiche heißen Kleinhirn und Hirnstamm.

Das Gehirn von oben

21

Warum braucht man **zwei Augen zum Sehen?**

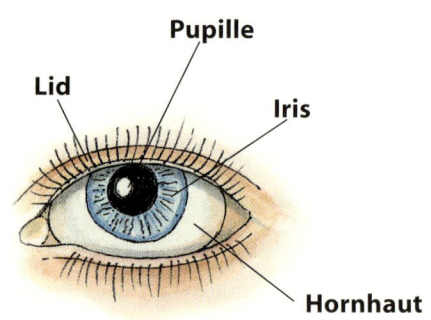

Lid · Pupille · Iris · Hornhaut

Sehen kann man natürlich auch mit einem Auge. Das kann man ganz einfach ausprobieren: ein Auge zuhalten, und ein Baum bleibt trotzdem ein Baum. Etwas ist trotzdem anders: Es ist nun viel schwerer abzuschätzen, wie weit der Baum vom nächsten Busch entfernt steht und welche der Äste nach vorne und welche nach hinten zeigen. Bevor wir erklären können, warum das so ist, müssen wir uns erst einmal ansehen, wie das Bild vom Baum überhaupt entsteht.

Das Licht der Sonne fällt auf einen Baum und wird von ihm auf unser Auge zurückgeworfen. Es durchdringt als Erstes die schützende Hornhaut und dann die Pupille. Die Pupille, der schwarze Punkt in der Mitte der Augen, ist nichts weiter als ein kleines Loch, das den Lichtverhältnissen angepasst werden kann: Je heller es ist, desto kleiner wird die Pupille und desto weniger Licht lässt sie ins Auge hinein.

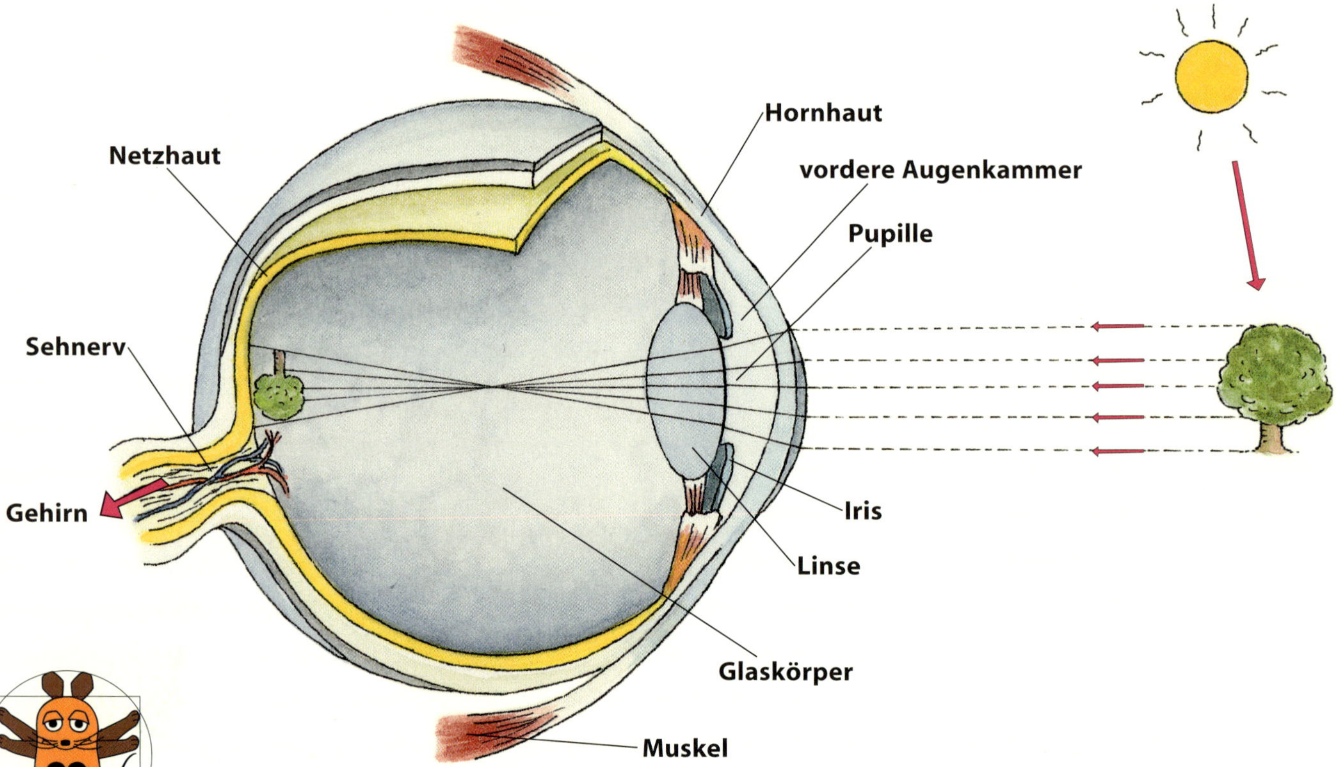

Netzhaut

Hornhaut

vordere Augenkammer

Pupille

Sehnerv

Gehirn

Iris

Linse

Glaskörper

Muskel

Als Nächstes trifft das Licht auf die Linse. Mit ihr kann das Auge etwas ganz Wichtiges: das Bild des Baumes scharf stellen, egal ob er weit entfernt oder ganz nah steht. Die Linse bündelt das Licht und wirft es auf die Netzhaut. Weil die Linse gekrümmt ist, werden die Lichtstrahlen allerdings so abgelenkt, dass das Bild des Baumes umgekehrt auf die Netzhaut fällt. Das ist aber nicht schlimm, denn von der Netzhaut wird das Bild über Nerven direkt ins Gehirn weitergeleitet. Das kennt sich mit Bildern aus und dreht sie automatisch um, sodass man den Baum wieder richtig herum wahrnimmt.

Der Baum ist im Kasten, jetzt geht's noch um die Frage, warum er gleich zwei Mal, also mit beiden Augen gesehen werden muss. Unsere Augen stehen etwas auseinander und so hat das rechte Auge einen anderen Blickwinkel auf den Baum als das linke Auge.

Hühneraugen haben weder etwas mit Hühnern noch mit dem Sehen zu tun. Wäre auch schwierig, denn es sind harte, runde Hautverdickungen an den Fußsohlen. Der Begriff kommt vom althochdeutschen »hurnin«, was »hörnen« bedeutet. Daraus wurde erst das »gehürnte Auge« und dann das »Hühnerauge«.

Die zwei Bilder, die sich nur ein winziges bisschen unterscheiden, werden im Gehirn zu einem Bild zusammengesetzt, das eine besondere Eigenschaft hat: Es ist räumlich. Das bedeutet, dass man nicht einen platten Baum sieht, sondern zum Beispiel erkennt, dass einige Äste nach vorne und andere nach hinten wachsen. Wer räumlich sehen kann, kann auch Entfernungen abschätzen.

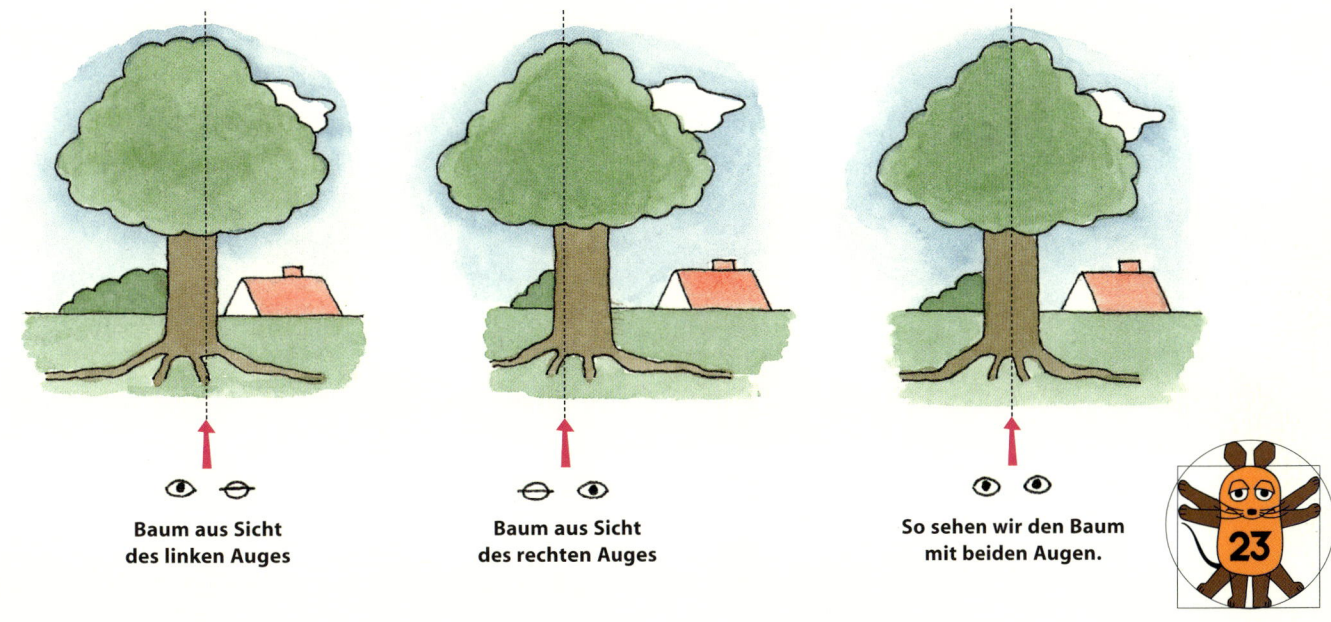

Baum aus Sicht des linken Auges

Baum aus Sicht des rechten Auges

So sehen wir den Baum mit beiden Augen.

Wieso haben wir Ohrenschmalz?

Ohrenschmalz
Drüsen

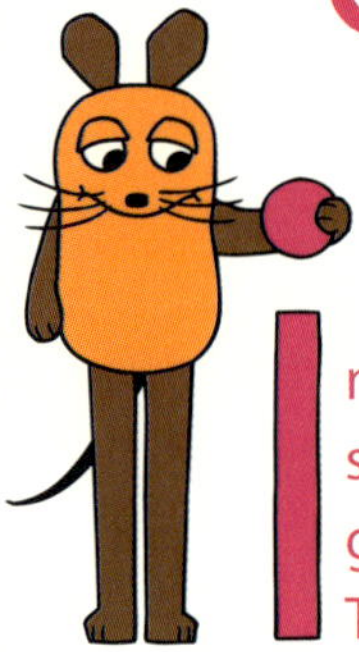

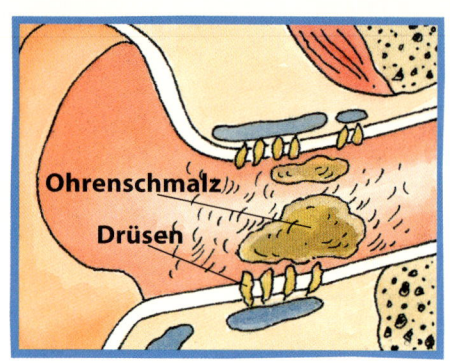

Ohrenschmalz wird in Ohrenschmalzdrüsen gebildet.

Im Ohr befinden sich neben Ohrenschmalz eine Menge merkwürdiger Dinge: Pauke, Amboss, Hammer, Schnecke, Trompete und Trommelfell. Klingt eher nach einer Werkstatt für Musikinstrumente, hat damit aber gar nichts zu tun. Das Ganze dient nur einer Sache: dem Hören.

Damit das jederzeit funktioniert, muss das Ohr gut geschützt werden. Das Ohrenschmalz hat die Aufgabe, Krankheitskeime und Dreck vom inneren Teil des Ohres fernzuhalten. Es fängt sie ab und transportiert sie nach außen. Das Ohrenschmalz wird von Drüsen in der Haut des äußeren Gehörgangs gebildet.

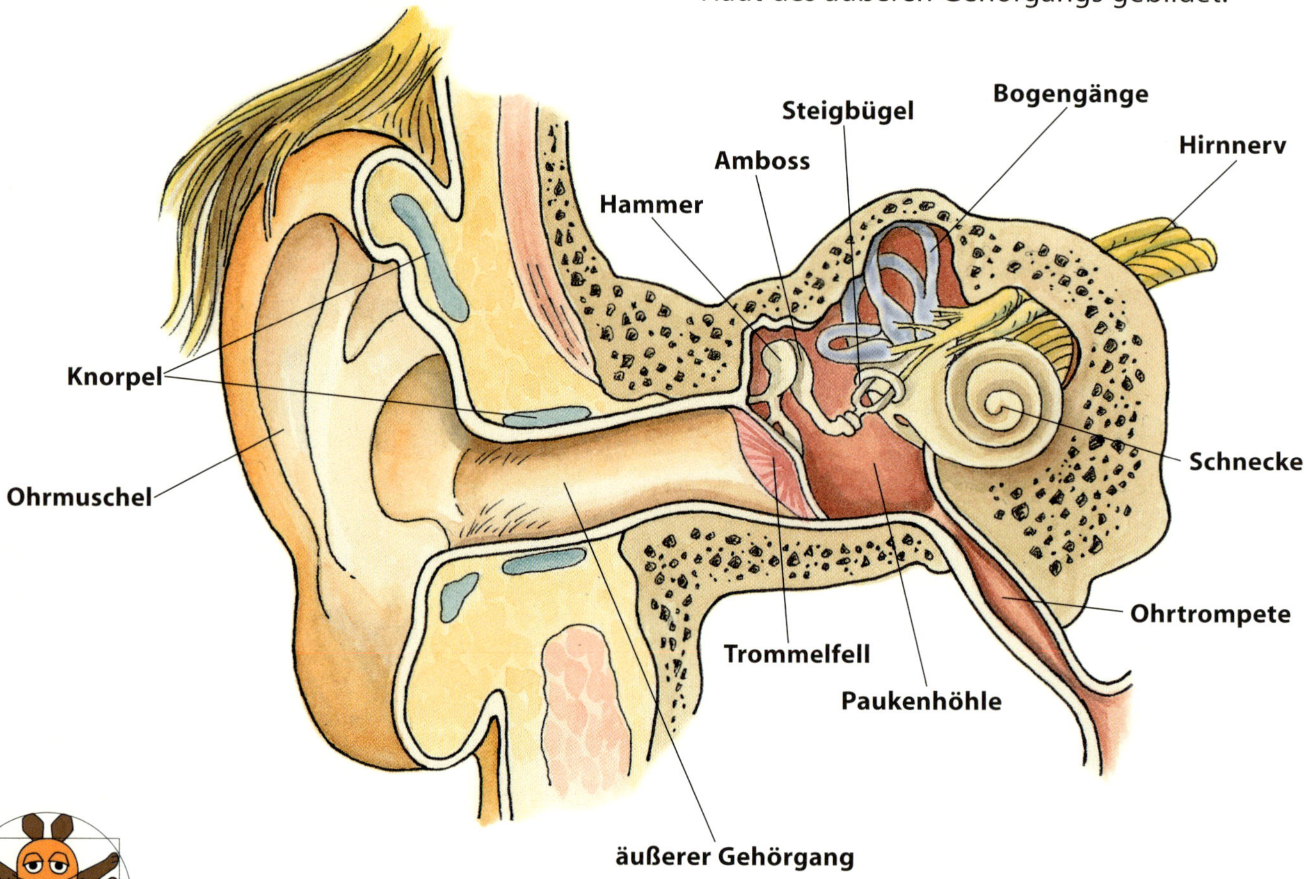

Steigbügel
Bogengänge
Hirnnerv
Amboss
Hammer
Knorpel
Schnecke
Ohrmuschel
Ohrtrompete
Trommelfell
Paukenhöhle
äußerer Gehörgang

Schallwellen

Egal was wir hören, Musik oder Autohupen, es sind immer die Schallschwingungen der Luft, die unser Ohr erreichen. Sie werden von der Ohrmuschel wie mit einem Trichter aufgefangen und durch den äußeren Gehörgang zum Trommelfell weitergeleitet. Das ist ein dünnes Häutchen, das von den Schallwellen zum Schwingen gebracht wird.

Mit dem Trommelfell ist einer der drei Gehörknochen verwachsen: der Hammer. Er schwingt mit und überträgt die Bewegung weiter auf Amboss und Steigbügel, die anderen beiden Gehörknochen. Alle drei Knochen liegen in der Paukenhöhle. Vom Steigbügel werden die Schwingungen weiter auf die Flüssigkeit in der Schnecke übertragen. In der Schnecke sind feine Haarzellen. Sie werden von den Wellen, die durch die Flüssigkeit gehen, umgebogen. Dabei senden sie ein Signal an die Nerven, die es an das Gehirn weiterleiten.

Im Gehirn werden die Töne verarbeitet. Durch Erfahrung hat es gelernt, das Quietschen von Autoreifen von dem Ton einer Geige zu unterscheiden. Das Ganze geschieht unglaublich schnell: Treffen die Schallwellen eines Klingelns unser Ohr, meldet unser Gehirn einen Wimpernschlag später, dass es ein Wecker war.

Das Ohr hat noch eine zweite wichtige Funktion: Es hilft dem Körper, das Gleichgewicht zu halten. Dafür liegen über der Schnecke drei Bogengänge, die mit Flüssigkeit gefüllt sind. Wenn wir zum Beispiel stolpern und nach vorne kippen, bewegt sich auch die Flüssigkeit. Nerven übermitteln dem Gehirn die veränderte Lage, wir wissen Bescheid und können den Oberkörper wieder aufrichten, um nicht zu stürzen.

Dank unserer Ohren können wir auch beim Balancieren das Gleichgewicht halten.

Warum schmeckt man nichts, wenn man sich die Nase zuhält?

Dazu als Erstes ein kleines Experiment: Füllt jeweils ein Glas mit Orangen- und Apfelsaft. Nehmt dafür Säfte ohne Fruchtfleisch.

Verbindet euch die Augen, haltet die Nase zu und probiert erst den einen und dann den anderen Saft.

Ihr werdet feststellen, dass die beiden Säfte nicht mehr zu unterscheiden sind. Man erkennt noch etwas Säure, aber mehr auch nicht. Zum Schmecken braucht man tatsächlich Mund und Nase, also den Geschmacks- und den Geruchssinn.

Auf der Oberfläche der Zunge gibt es viele kleine Erhebungen. Sie werden Papillen genannt. Auf ihnen – vor allem am Rand der Zunge – sitzen die Geschmacksknospen.

Sie können fünf Geschmacksrichtungen erkennen: süß, sauer, salzig, bitter und umami. Umami bedeutet, etwas schmeckt fleischig, herzhaft. Die meisten Geschmacksknospen sitzen auf der Zunge, es gibt sie aber auch im Rachen und in der Wangenschleimhaut. Die Geschmacksknospen sorgen für die grobe Unterteilung der verschiedenen Geschmacksrichtungen. Was sie erkannt haben, wird über Nerven an das Gehirn weitergeleitet und verarbeitet. Dort entscheidet sich, ob

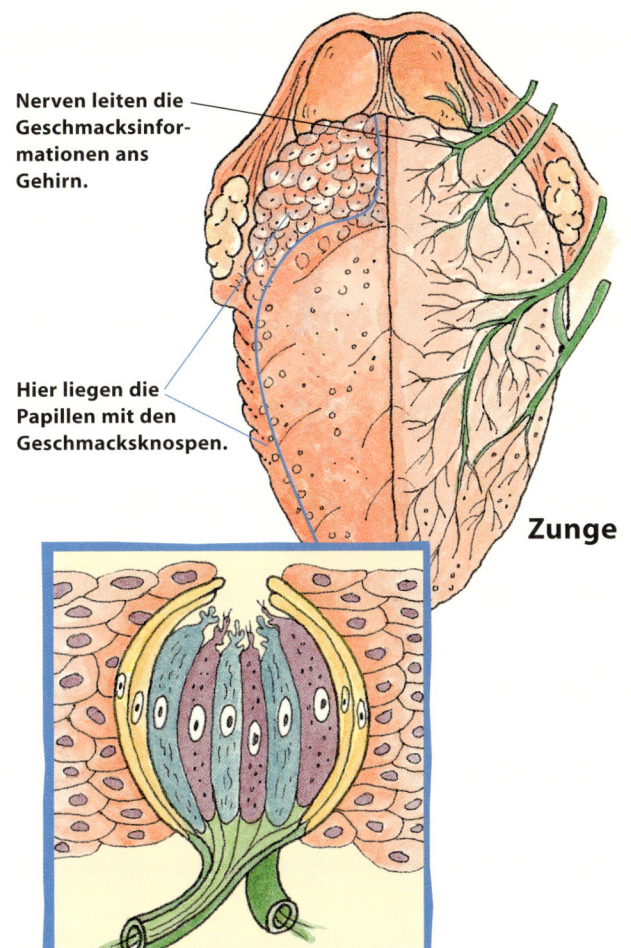

Nerven leiten die Geschmacksinformationen ans Gehirn.

Hier liegen die Papillen mit den Geschmacksknospen.

Zunge

Geschmacksknospe

Wer sich die Nase zuhält, verhindert, dass die Geruchsstoffe über die Nasenlöcher zu den Riechzellen kommen. Deshalb schmeckt man nur noch das, was die Geschmacksknospen im Mund erkennen, also bei unserem Saftexperiment nur noch ein bisschen sauer. Die feineren Anteile, die Apfel- und Orangensaft so unterschiedlich machen, bleiben unerkannt.

Wenn wir Schnupfen haben, passiert dasselbe. Wir schmecken kaum mehr etwas, weil die Nasenschleimhaut geschwollen ist und die Geruchsanteile in der Luft nicht mehr zu den Riechzellen gelangen können.

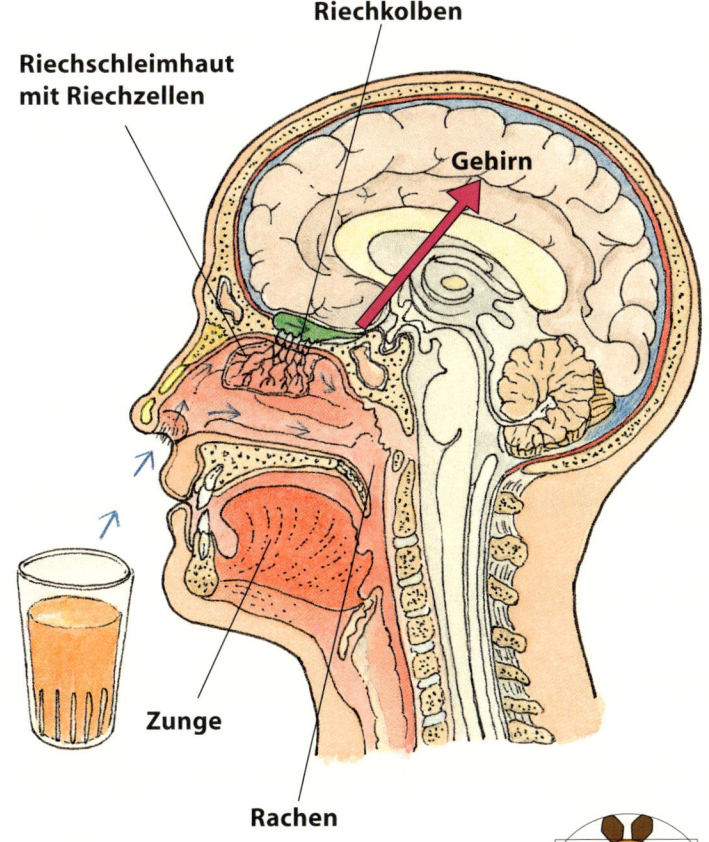

Riechkolben

Riechschleimhaut mit Riechzellen

Gehirn

Zunge

Rachen

wir etwas mögen oder lieber wieder ausspucken, weil es schlecht schmeckt. Nun kommt der Geruchssinn ins Spiel. Der Geruch des Essens strömt in die Nasenlöcher. Im oberen Teil der Nase sitzen in der Riechschleimhaut die Riechzellen. Sie können ungefähr 10 000 Gerüche unterscheiden. Nerven leiten die Geruchseindrücke über den Riechkolben weiter zum Gehirn, das also gleichzeitig Geschmacks- und Geruchsinformationen erhält und diese zusammen auswertet.

Warum kann man Töne fühlen?

Wer einmal in einem Raum mit richtig lauter Musik war, hat es wahrscheinlich schon erlebt: Die Schallwellen dringen nicht nur über das Ohr in den Körper und man hört die Musik, sondern man fühlt sie auch. Die ganze Luft scheint zu vibrieren, und manchmal kribbelt es sogar an den Füßen, weil der Boden mitschwingt.

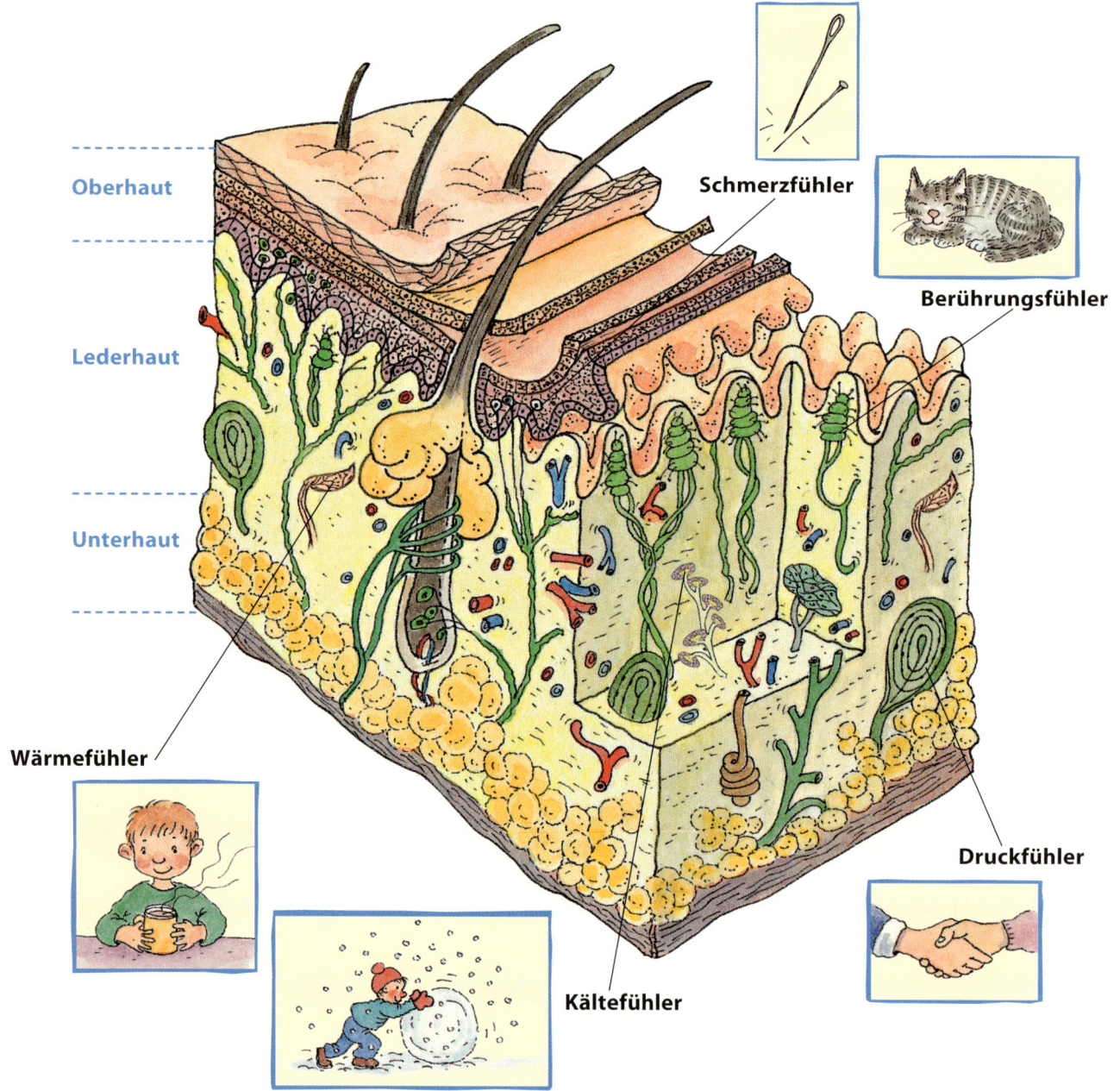

Oberhaut

Lederhaut

Unterhaut

Schmerzfühler

Berührungsfühler

Wärmefühler

Kältefühler

Druckfühler

Über unsere Haut nehmen wir diese Luft-schwingungen wahr. Das liegt an ganz vielen kleinen, sehr empfindlichen Fühlern, die in der Haut verborgen sind.

Da es unterschiedliche Fühler gibt, können wir mit dem Tastsinn der Haut ganz verschiedene Dinge wahrnehmen: Wir spüren nicht nur das Vibrieren der Luft oder einen sanften Windhauch, sondern können auch zwischen einem festen und einem leichten Hände-druck unterscheiden. Mit geschlossenen Augen können wir unterschiedliche Stoffe wie Watte, Stroh und Stein leicht erfühlen oder uns durch ein abgedunkeltes Zimmer zum Lichtschalter vortasten.

Wer einmal in zu heißes Badewasser gefasst hat, weiß, was man mit den Fühlern in der Haut noch wahrnehmen kann:

1. Man spürt sofort die Temperatur und merkt, dass es zu heiß ist.

2. Man empfindet augenblicklich Schmer-zen und zuckt zurück.

Wie bei allen anderen Sinnesorganen sind es wieder Nerven, die diese Empfindungen an das Gehirn weiterleiten.

Die Haut ist ein sehr empfindliches Sinnes-organ mit Millionen Fühlern. Die sind aller-dings recht unterschiedlich verteilt. In der Haut einer Fingerkuppe befinden sich unge-fähr 2000 Fühler, während am Rücken der

Abstand zwischen zweien oft mehrere Zentimeter beträgt.

Das könnt ihr selbst ausprobieren: Nehmt einen Korken und steckt zwei Stecknadeln im Abstand von einem Zentimeter hinein. Schließt die Augen und bittet eure Eltern, die Nadeln auf den Rücken und danach auf eure Fingerspitzen zu setzen. Auf dem Rücken spürt ihr die zwei Spitzen nur als einen Punkt. Die Fingerkuppe ist viel empfindlicher und erspürt immer beide Aufsetzpunkte getrennt. Probiert es auch auf dem Handrücken und anderswo aus!

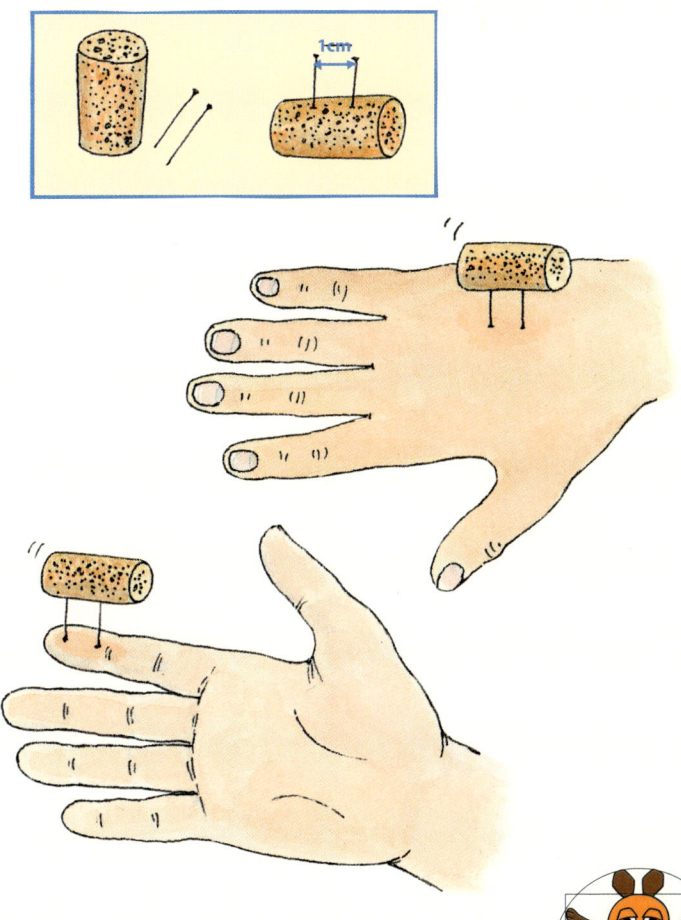

Warum sind Finger und Zehen nach dem Baden schrumpelig?

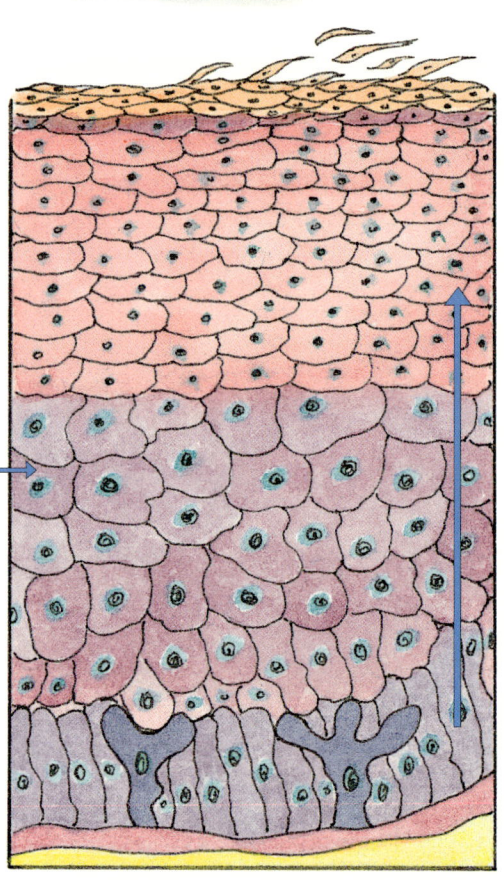

Um die Frage nach den schrumpeligen Fingern und Zehen zu beantworten, müssen wir uns die Oberhaut einmal genauer ansehen. Einen Ausschnitt davon haben wir vergrößert.

Im unteren Teil der Oberhaut bilden sich ständig neue Hautzellen. Sie wandern langsam Richtung Oberfläche und sterben nach und nach ab. Dabei verlieren sie Wasser, werden flacher und verhornen schließlich. An Händen und Füßen ist diese Hornschicht so dick, dass man sie sogar fühlen kann.

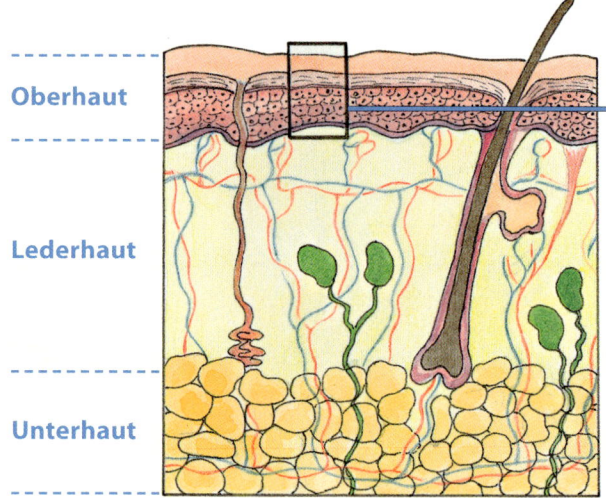

Oberhaut

Lederhaut

Unterhaut

So ist die Haut aufgebaut

Die Oberhaut in der Vergrößerung

Die abgestorbenen Hautzellen enthalten viele Salze. Das Leitungswasser in der Badewanne dagegen ist salzarm und wird von den Salzen in der Haut wie magisch angezogen. Durch das Wasser quellen die flachen, verhornten Hautzellen auf und werden dicker. Weil für so breite Zellen nicht genug Platz ist, legt sich die Haut in Falten. So entsteht die verschrumpelte Haut. An Fingern und Füßen ist sie im Vergleich zum Bauch besonders deutlich zu sehen, weil wir dort mehr Hornhaut haben.

In die tiefer liegenden Schichten der Oberhaut kann das Wasser nicht eindringen. Gleichzeitig verhindert die Haut aber auch, dass der Körper Wasser verliert. Die Haut hat also eine ganz wichtige Funktion: Sie schützt unseren Körper. Die auf ihr lebenden nützlichen Bakterien verhindern außerdem, dass Krankheitskeime in unseren Körper gelangen. Wenn man stürzt, fängt die dehnbare Haut Druck und Stöße ab. Und ein Farbstoff der Haut schützt vor den Strahlen der Sonne.

Die Haut kann aber noch viel mehr: Durch sie wird die Temperatur in unserem Körper geregelt. Ist der Körper zu warm, erweitern sich die Blutgefäße in der Haut. So fließt mehr Blut durch die Haut und kann Wärme nach außen abgeben. Gleichzeitig schwitzen wir. Auch der Schweiß kühlt den Körper ab. Das Schwitzen hat noch einen weiteren Sinn: Mit dem Schweiß werden für den Körper unnötige Stoffe abtransportiert.

Und zu guter Letzt kann die Haut noch etwas, was wir oft gar nicht so toll finden: Sie zeigt an, wie es uns geht. Wir werden blass vor Angst, rot, wenn uns etwas peinlich ist, und schwitzen, wenn wir in Stress geraten.

1.
2.
3.
4.

Warum haben Menschen Haare?

Zuerst einmal ein kleines Rätsel. Wo vermutet ihr die meisten Haare: auf dem Kopf oder am Körper?

Richtig liegen alle, die auf den Körper getippt haben. Insgesamt hat der Mensch fünf bis sechs Millionen Haare. Davon befinden sich aber nur 150 000 auf dem Kopf. Der Rest sind meist winzig kleine Härchen, die sich über den ganzen Körper verteilen.

Unsere feine Körperbehaarung verdanken wir unseren behaarten Vorfahren. Bei den ersten Menschen hatten die Haare eine wichtige Aufgabe: Sie wärmten den Körper. Das tun heute nur noch unsere Kopfhaare. Sie wärmen aber nicht nur, sondern schützen auch vor den Strahlen der Sonne. Wer dichtes Haar hat, braucht für den Kopf keine Sonnencreme.

Auch andere Haare des Körpers haben heute noch einen Sinn: Die Augenbrauen schützen das Auge vor Schweißperlen, die von der Stirn herabfließen, und auch die Wimpern halten Schweiß und Schmutz vom Auge fern.

Weil die feinen Körperhaare an ihrer Wurzel von Nerven umgeben sind, fühlen wir feinste Berührungen. Wenn ein Insekt auf unserer Haut landet, spüren wir das und können es vertreiben, bevor es uns sticht.

In den Haaren selbst haben wir kein Gefühl, denn sie bestehen aus abgestorbenen Zellen. Wäre das nicht so, würden wir beim Haareschneiden vor Schmerzen schreien.

Die Haarfarbe ist abhängig von der Menge der Farbstoffe im Haar. Je mehr Farbstoffe darin sind, desto dunkler sind die Haare. Im Alter bilden sich meist weniger Farbstoffe. Deshalb werden die Haare dann grau oder sogar weiß.

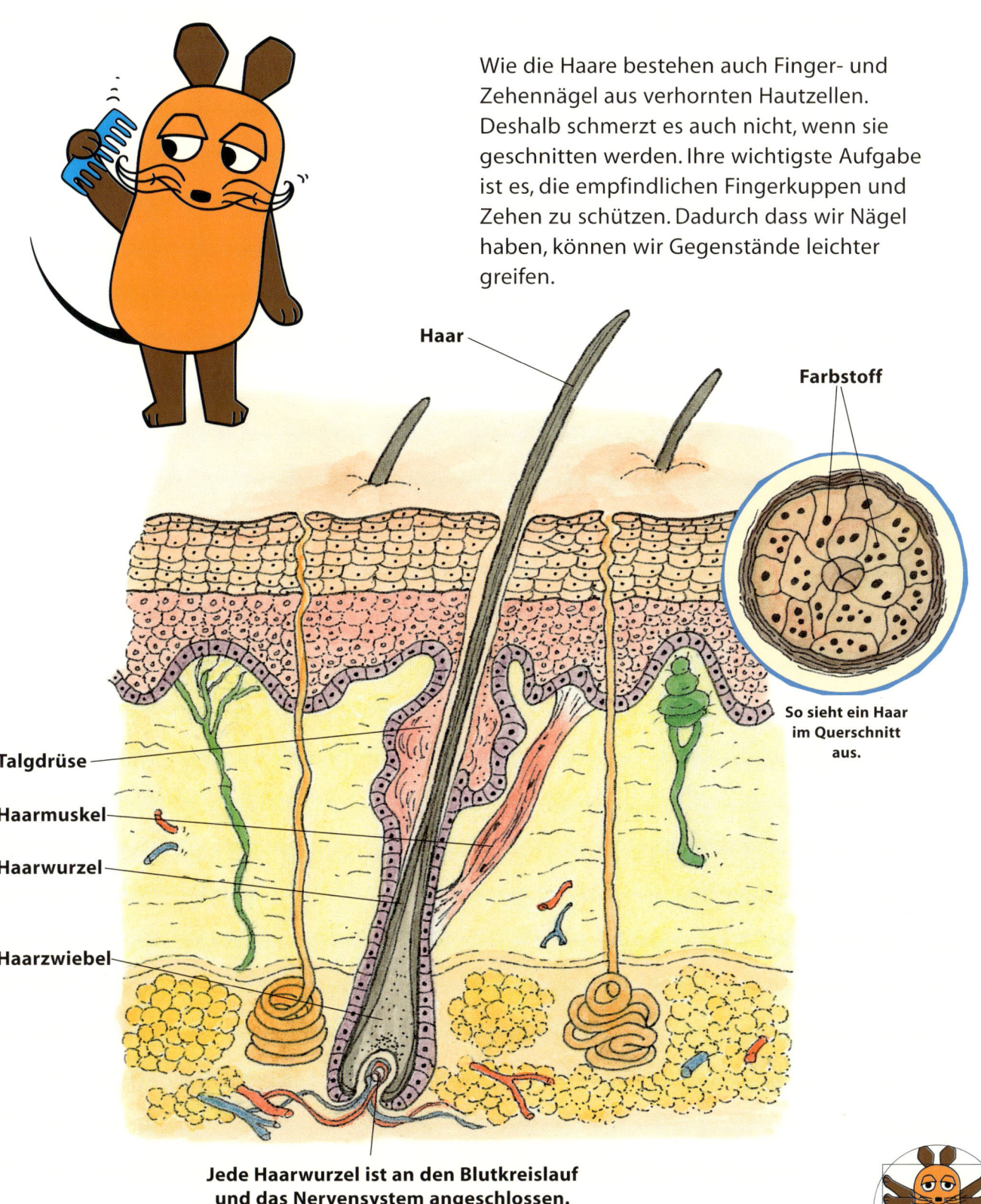

Wie die Haare bestehen auch Finger- und Zehennägel aus verhornten Hautzellen. Deshalb schmerzt es auch nicht, wenn sie geschnitten werden. Ihre wichtigste Aufgabe ist es, die empfindlichen Fingerkuppen und Zehen zu schützen. Dadurch dass wir Nägel haben, können wir Gegenstände leichter greifen.

Haar

Farbstoff

So sieht ein Haar im Querschnitt aus.

Talgdrüse

Haarmuskel

Haarwurzel

Haarzwiebel

Jede Haarwurzel ist an den Blutkreislauf und das Nervensystem angeschlossen.

Was knurrt im Bauch, wenn man Hunger hat?

Hunger, manchmal verbunden mit Magenknurren, erinnert uns daran, dass es Zeit wird, mal wieder etwas zu essen. Regelmäßige Ernährung ist für den Körper wichtig, denn aus der Nahrung zieht er Energie. Und Energie braucht er für alles Mögliche: um sich warm zu halten, um sich zu bewegen oder auch um zu denken. Bekommt der Körper zu wenig Nahrung, funktioniert er nicht richtig. Man fühlt sich dann schlapp und kann sogar krank werden.

Unser Essen enthält drei wichtige Bestandteile: Kohlenhydrate, Eiweiße und Fette. Kohlenhydrate, das sind vor allem Stärke und Zucker. Sie kommen zum Beispiel in Nudeln, Reis, Kartoffeln, Brot, Obst oder Süßigkeiten vor. Eiweiße findet man unter anderem in Fleisch, Milch, Erbsen und Getreide. Und Fett ist nicht nur in Butter, Schokoladencremes und Pommes frites enthalten, sondern auch in Käse oder Fleisch.

Zusätzlich enthält unser Essen auch noch Vitamine, Mineralstoffe und Ballaststoffe. Vitamine und Mineralstoffe werden nur in kleinen Mengen benötigt, sind aber wichtig, damit unser Körper gut funktioniert. Vitamin C ist zum Beispiel Nahrung für die weißen Blutkörperchen und unterstützt so unsere Körperpolizei im Kampf gegen Krankheiten. Petersilie, Salat und Obst enthalten viel Vitamin C. Zwei Mineralstoffe, die gerade im Wachstum besonders wichtig sind, heißen Kalzium und Magnesium. Sie fördern den Knochenaufbau und sind in Gemüse, Milch und Fleisch enthalten.

Damit der Körper gesund bleibt, ist es wichtig, sich abwechslungsreich zu ernähren, das bedeutet, von allem etwas zu essen. Besonders wichtig sind Obst und Gemüse. Auch Lebensmittel, die viel Vollkorn enthalten, sind gesund. Also statt Toastbrot besser Vollkornbrot essen und statt weißem Reis lieber Vollkornreis.

Diese Nahrungsmittel sind reich an Kohlenhydraten.

Fisch und Fleisch reichen zweimal pro Woche, und mit Fetten und Süßigkeiten sollte man sparsam sein.

Diese Nahrungsmittel enthalten viel Eiweiß.

Diese Nahrungsmittel sind reich an Fetten.

Fehlen noch die Ballaststoffe und die Lösung der Frage, wie das Magenknurren entsteht.
Da beides zur Verdauung gehört, findet ihr die Antwort, wenn ihr diese Seite hochklappt.

Die Verdauung

Damit der Körper alle Nährstoffe, die in unserem Essen enthalten sind, auch nutzen kann, muss er die Nahrung in ihre einzelnen Bestandteile zerlegen. Das nennt man verdauen.

Schon im Mund ① beginnt die Verdauung der Nahrung. Mit den Zähnen beißen wir das Essen zuerst in kleine Stücke und zermahlen es dann zusammen mit dem Speichel, also der Spucke, zu einem Brei.

Wenn wir schlucken, rutscht der Speisebrei durch den Rachen in die Speiseröhre ②. Das ist ein ungefähr 25 Zentimeter langer Muskelschlauch. In ihm wird die Nahrung weiter in Richtung Magen gedrückt.

Den Magen ③ kann man sich wie einen großen, dehnbaren Muskelsack vorstellen. Mit seinen Muskeln knetet er die Nahrung und zerkleinert und vermischt sie dadurch. Außerdem sondert er sauren Magensaft ab, der den Nahrungsbrei weiter zersetzt und schädliche Keime abtötet.

Beim Magen angekommen, können wir uns auch wieder mit dem Magenknurren beschäftigen. Es entsteht, wenn kein Nahrungsbrei mehr im Magen ist, die Muskeln aber weiter tätig sind. Sie kneten dann nur Säure und Luft. Wenn Luft hin und her gedrückt wird, entstehen knurrende Geräusche.

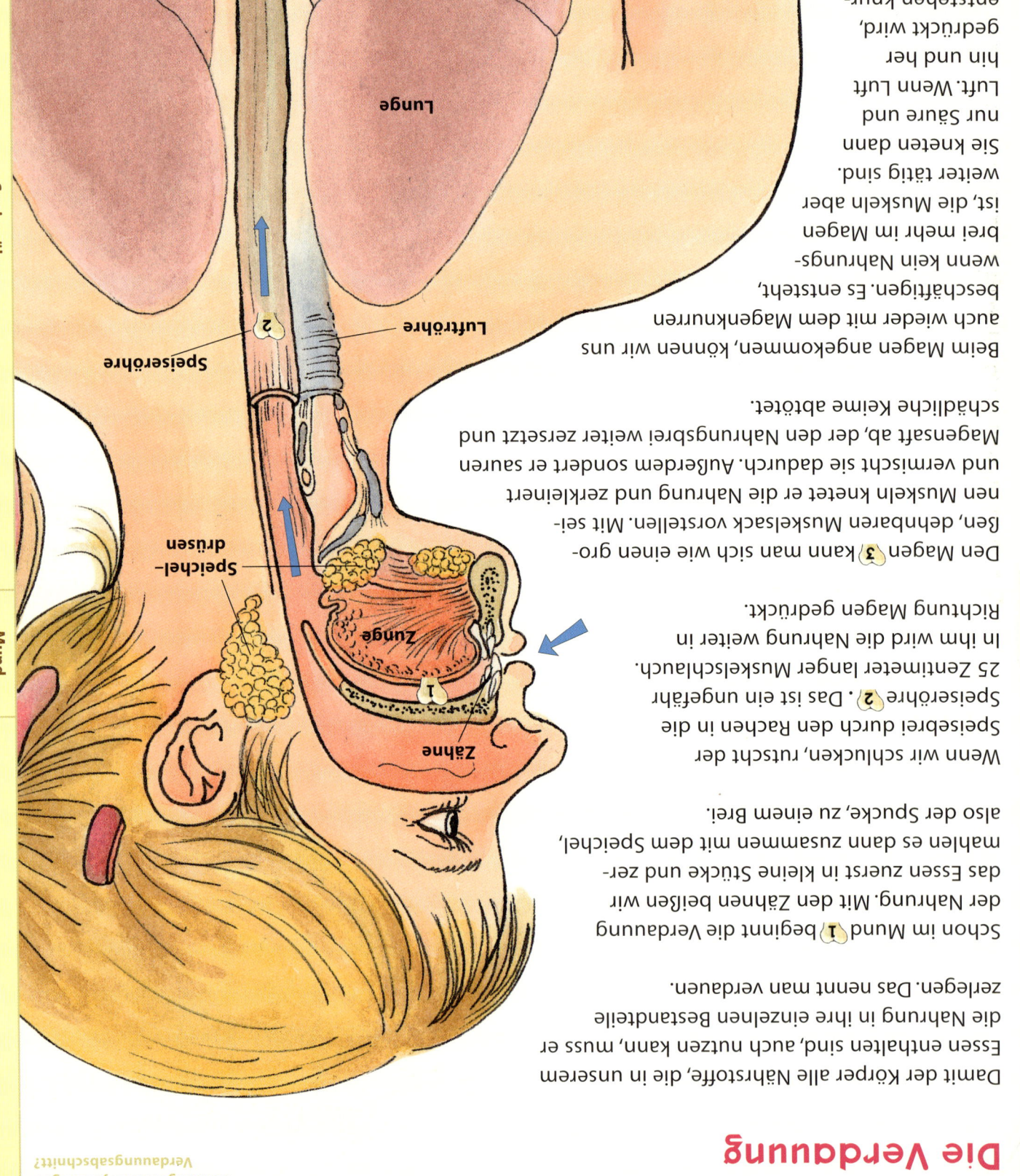

Lunge

Speiseröhre

Luftröhre

Speicheldrüsen

Zunge

Zähne

Vom Magen
gelangt der
Nahrungsbrei in
kleinen Portionen
in den Dünn-
darm 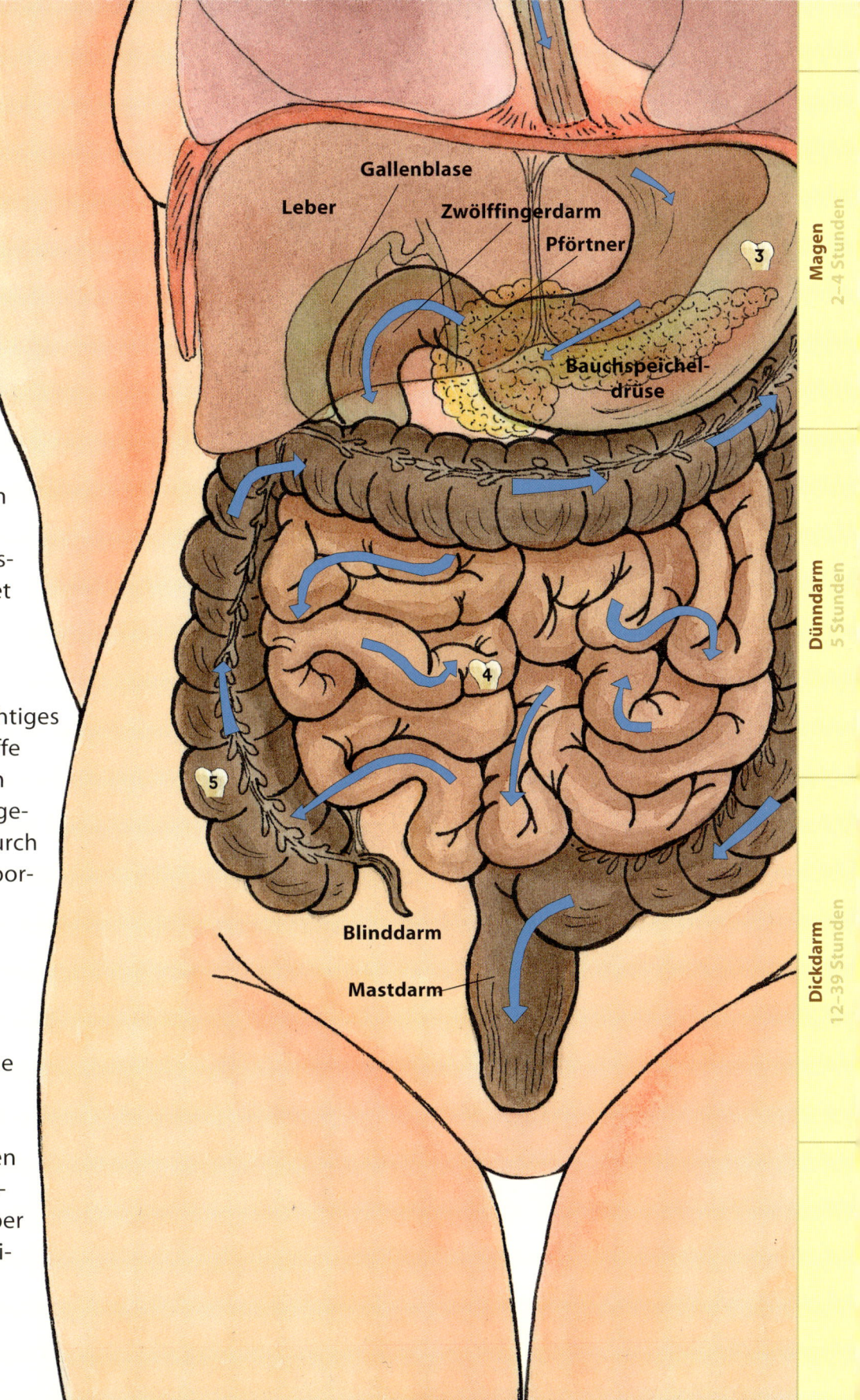. Er ist vier
Meter lang. Damit er
überhaupt in den
Bauch passt, liegt er
in vielen Schlingen
übereinander. Im Dünn-
darm findet der größte
Teil der Verdauung statt.
In seinen oberen Teil, den
Zwölffingerdarm, schicken
Gallenblase und Bauch-
speicheldrüse Verdauungs-
säfte. Mit ihrer Hilfe spaltet
der Darm die Nahrung in
immer kleinere einzelne
Bestandteile auf.
Und noch etwas sehr Wichtiges
passiert hier: Die Nährstoffe
werden aus dem flüssigen
Speisebrei in das Blut aufgenommen und von dort durch
den ganzen Körper transportiert.

Was vom Nahrungsbrei
übrig geblieben ist, wan-
dert weiter in den Dick-
darm 5 . Dort findet keine
Verdauung mehr statt.
Wasser und Mineralien
werden dem Brei entzogen
und in den Körper zurück-
geleitet. Den für den Körper
unbrauchbaren Rest schei-
den wir als feste braune
Wurst, den sogenannten
Stuhl, aus.

Gallenblase

Leber

Zwölffingerdarm

Pförtner

3

Bauchspeichel-
drüse

4

5

Blinddarm

Mastdarm

Magen
2–4 Stunden

Dünndarm
5 Stunden

Dickdarm
12–39 Stunden

Wer beseitigt den Abfall aus dem Körper?

Auch im Körper entsteht Abfall, also Stoffe, die nicht gebraucht und deshalb abtransportiert werden. Einige haben wir schon kennengelernt: die unverdaulichen Reste der Nahrung, die als Stuhl ausgeschieden werden, das Kohlendioxid, das wir über die Lunge ausatmen, und Salze, die wir über die Haut ausschwitzen.

Fehlt noch ein großes Ausscheidungsorgan: die Nieren mit Harnwegen und Blase. Was am Ende herauskommt, kennt jeder: Pipi – in der Fachsprache Harn oder auch Urin genannt.

Die Nieren sehen wie zwei große Bohnen aus und funktionieren ähnlich wie ein Kaffeefilter. Schüttet man heißes Wasser auf den Kaffee, dann lassen die feinen Poren des Filterpapiers das Kaffeepulver nicht hindurch.

Es bleibt im Filter zurück, während das heiße Wasser mit den Farb- und Aromastoffen hindurchfließt.

Auch die Nieren filtern. Mit dem Blut transportiert der Körper die Schadstoffe, zum Beispiel Salze und Harnstoff, zu ihnen hin. In den Nieren gibt es mehr als eine Million Nierenkörperchen. Das sind die eigentlichen Filter. Das Blut fließt in die kleinen Blutgefäße der Nierenkörperchen, die eine ganz besondere Eigenschaft haben: Sie lassen Wasser und die darin gelösten Abfallstoffe hindurch. Ihre Poren sind aber zu fein für Blutzellen, Eiweiße und Vitamine. Sie bleiben in den Blutgefäßen zurück. Wie beim Kaffeefilter wird also Groß von Klein getrennt und nur das Wasser mit den gelösten Stoffen kommt hindurch.

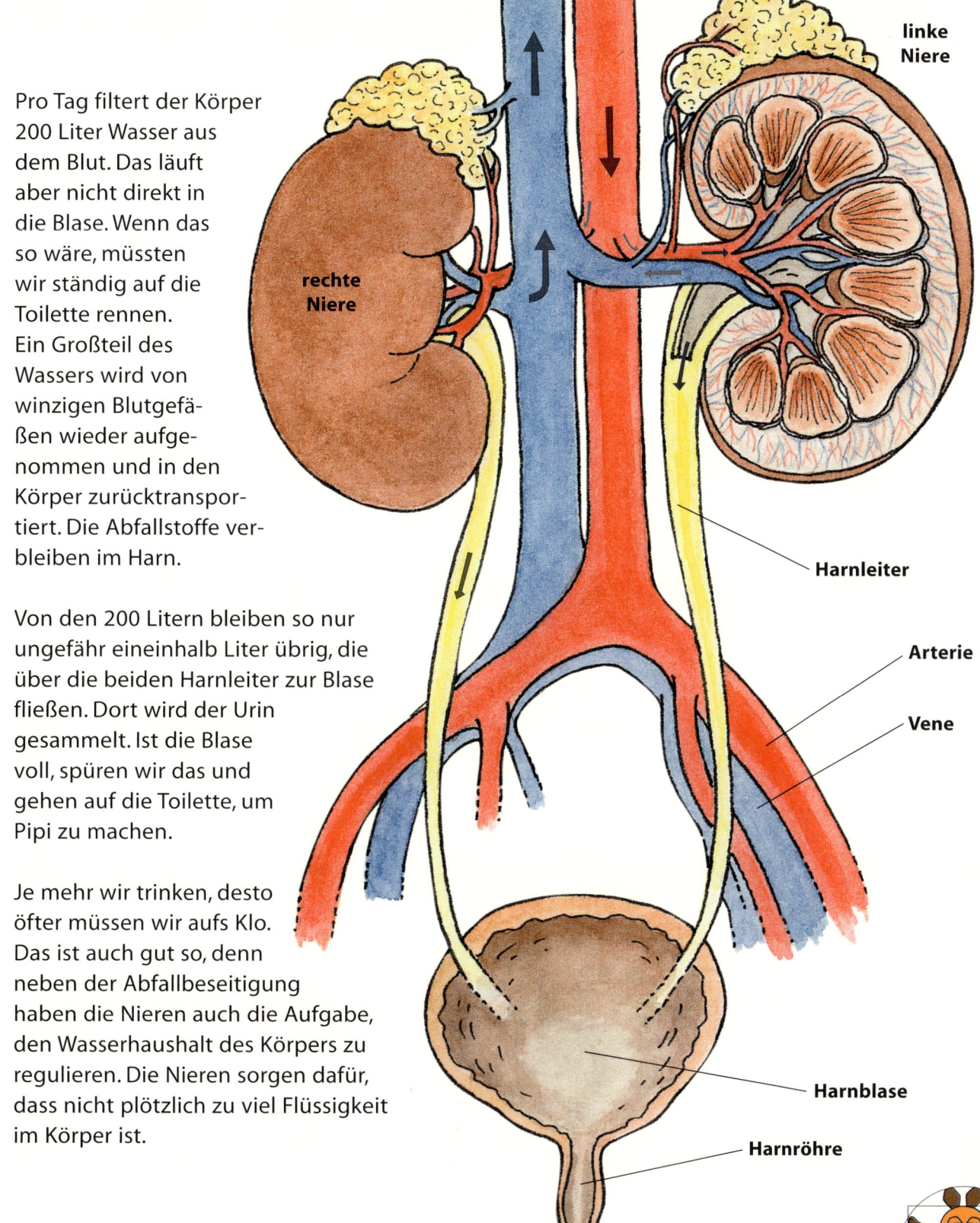

Pro Tag filtert der Körper 200 Liter Wasser aus dem Blut. Das läuft aber nicht direkt in die Blase. Wenn das so wäre, müssten wir ständig auf die Toilette rennen. Ein Großteil des Wassers wird von winzigen Blutgefäßen wieder aufgenommen und in den Körper zurücktransportiert. Die Abfallstoffe verbleiben im Harn.

Von den 200 Litern bleiben so nur ungefähr eineinhalb Liter übrig, die über die beiden Harnleiter zur Blase fließen. Dort wird der Urin gesammelt. Ist die Blase voll, spüren wir das und gehen auf die Toilette, um Pipi zu machen.

Je mehr wir trinken, desto öfter müssen wir aufs Klo. Das ist auch gut so, denn neben der Abfallbeseitigung haben die Nieren auch die Aufgabe, den Wasserhaushalt des Körpers zu regulieren. Die Nieren sorgen dafür, dass nicht plötzlich zu viel Flüssigkeit im Körper ist.

linke
Niere

rechte
Niere

Harnleiter

Arterie

Vene

Harnblase

Harnröhre

Wie kommt das Baby in den Bauch?

enn eine Frau plötzlich ein Baby im Bauch hat, dann könnte man vermuten, dass es irgendwie von außen dort hineingekommen sein muss. Schließlich kann doch nicht dort, wo vorher nichts war, auf einmal ein Kind wachsen!

Natürlich kommt kein Baby aus dem Nichts. Damit überhaupt ein Kind entstehen kann, braucht man zwei Menschen. Und die müssen auch noch recht unterschiedlich sein, nämlich Frau und Mann. Schon äußerlich sehen sie ziemlich verschieden aus. Guckt nur mal auf die Brüste, die Körperform und die Menge der Haare.

Das ist aber noch nicht alles: Der größte Unterschied besteht in den Geschlechtsorganen. Wenn man in den Körper von Frau und Mann hineinguckt, kann man die Unterschiede deutlich erkennen. Schauen wir uns zunächst die Frau an.

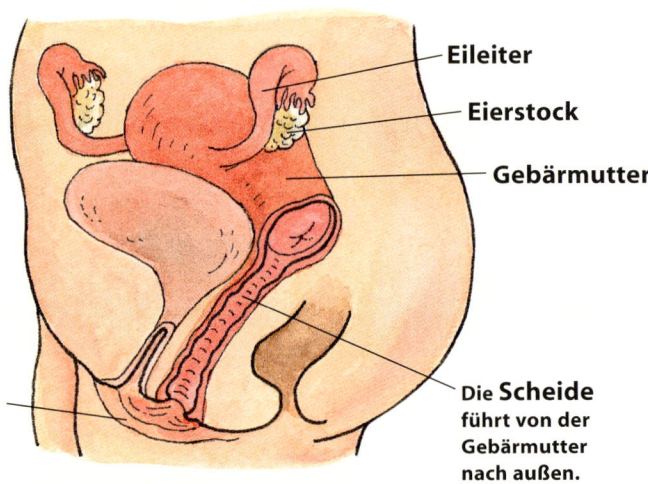

**Die Scham-
lippen**
schützen die
Scheide.

Eileiter

Eierstock

Gebärmutter

Die Scheide
führt von der
Gebärmutter
nach außen.

Die Geschlechtsorgane der Frau

1. Jeden Monat reift in einem der beiden Eierstöcke eine Eizelle.
2. Sie wandert durch den Eileiter in Richtung Gebärmutter.
3. Die Gebärmutter ist ein besonders dehnbarer Muskel, der innen mit einer Schleimhaut ausgekleidet ist.

Und jetzt den Mann:

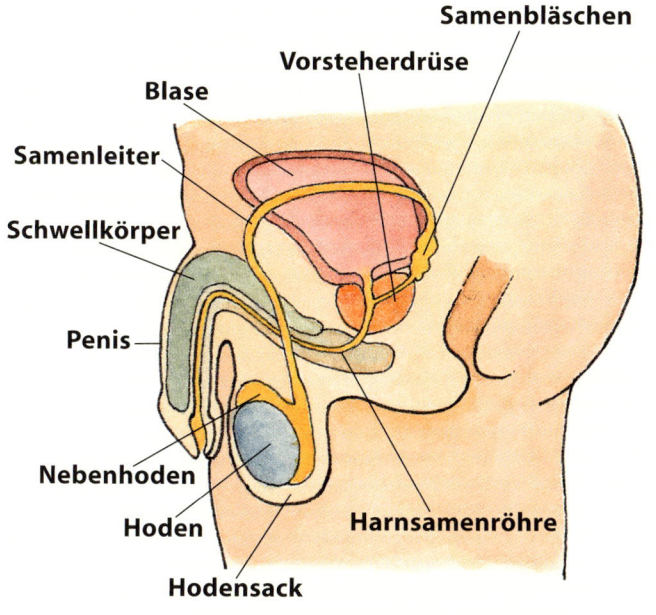

Die Geschlechtsorgane des Mannes

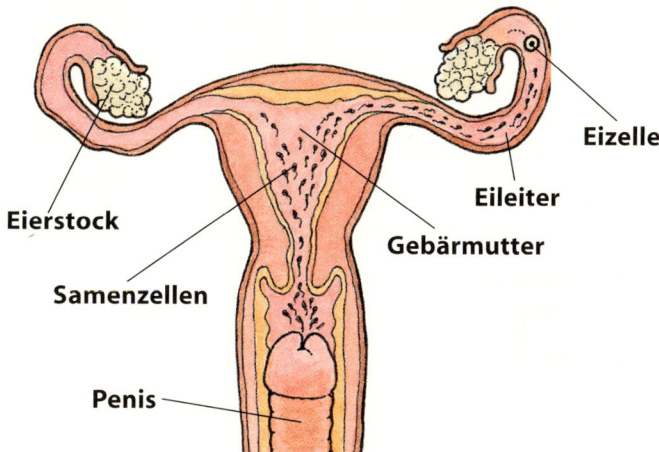

1. Im Hodensack liegen die zwei Hoden.
2. In den Hoden werden jeden Tag viele Millionen Samenzellen gebildet.
3. Im Nebenhoden werden die Samen gespeichert.
4. Der Samenleiter führt vom Nebenhoden zur Harnsamenröhre im Penis.

Damit ein Kind entstehen kann, muss die Eizelle der Frau mit einer Samenzelle des Mannes verschmelzen. Dafür müssen sie sich aber erst einmal treffen. Stellt euch vor, eine reife Eizelle ist vom Eierstock gerade durch den Eileiter unterwegs in Richtung Gebärmutter. Das ist genau der richtige Zeitpunkt für eine Befruchtung. Jetzt müssen Mann und Frau nur noch Sex haben. Manche nennen es auch miteinander schlafen. Dabei streicheln und küssen sich beide und werden immer erregter. Bei der Frau schwellen die Schamlippen an und beim Mann wird der Penis steif. Nur wenn der Penis steif ist, kann er in die Scheide der Frau gleiten. Am Höhepunkt seiner sexuellen Erregung bekommt der Mann den Samenerguss. Das bedeutet, dass sich viele Millionen Samenzellen in die Scheide der Frau ergießen und sich sofort auf den Weg nach oben machen, Richtung Gebärmutter und Eileiter.

Die kräftigsten Samenzellen treffen im Eileiter auf die reife Eizelle. Eine Samenzelle schafft es, in die Eizelle einzudringen und mit ihr zu verschmelzen. Sobald das geschehen ist, verschließt sich die Eizelle und wird für weitere Samen undurchlässig. Diese befruchtete Eizelle ist der Anfang der Entwicklung eines Babys.

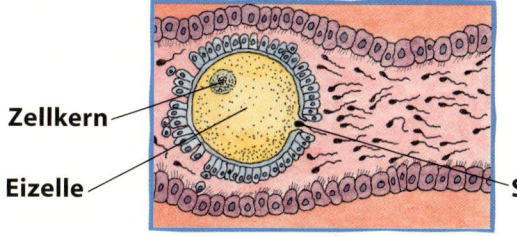

Eine Eizelle wird befruchtet.

Woher weiß ein Baby, wann es auf die Welt kommen soll?

Die Frage klingt einfach, aber wir müssen euch enttäuschen: Auch Ärzte wissen darauf keine eindeutige Antwort. Sie haben nur Vermutungen. Aber bevor wir dazu kommen, schauen wir uns erst einmal an, wie sich in 40 Wochen aus der befruchteten Eizelle ein Baby entwickelt.

Ei- und Samenzelle sind im Eileiter miteinander verschmolzen. Von dort wandert die befruchtete Eizelle zur Gebärmutter. Schon auf diesem Weg beginnt etwas ganz Wichtiges, was nun immer wieder passieren wird: Die befruchtete Eizelle teilt sich. Aus einer Zelle werden zwei Zellen, aus zwei vier, aus vier acht und so weiter.

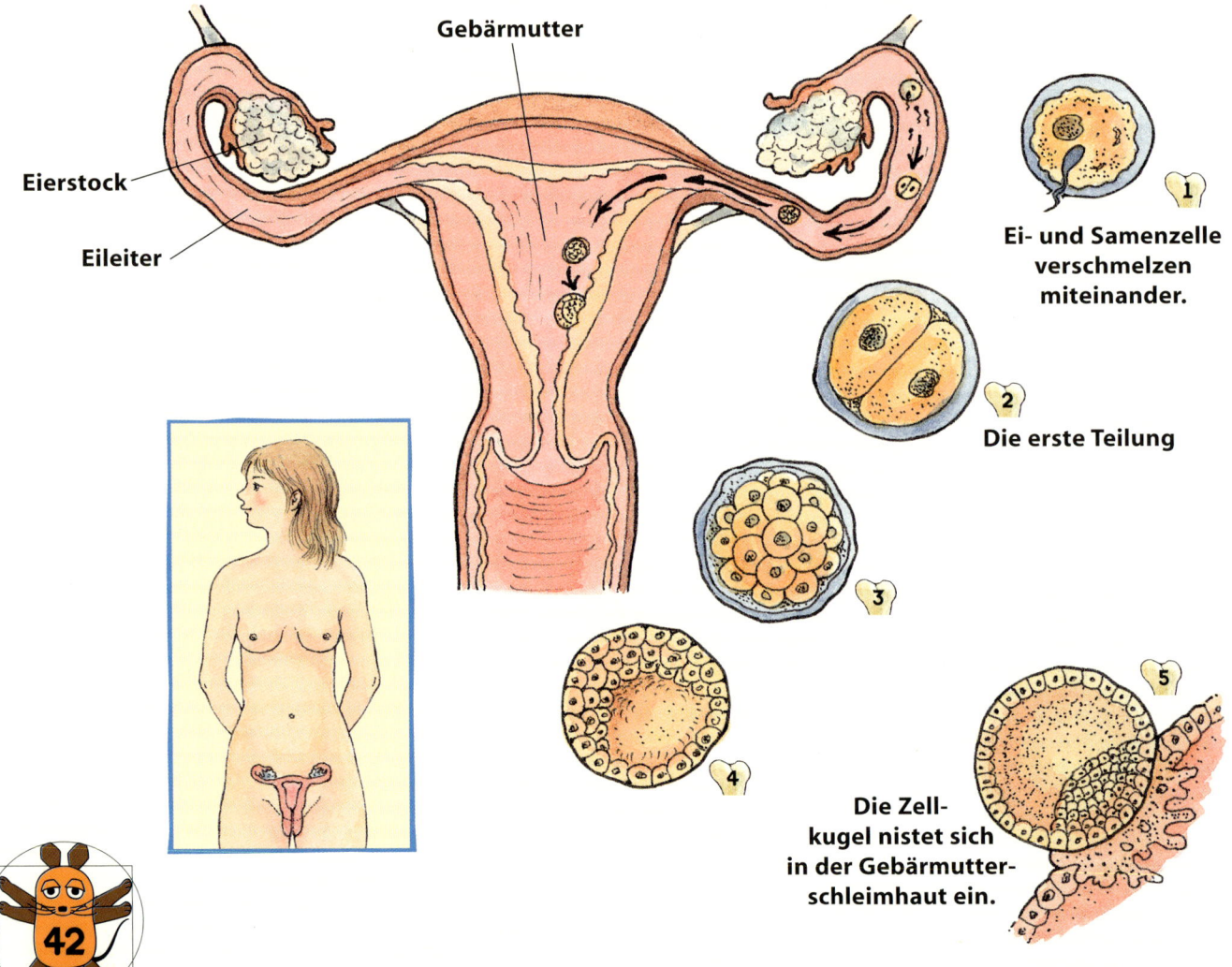

Gebärmutter

Eierstock

Eileiter

1 Ei- und Samenzelle verschmelzen miteinander.

2 Die erste Teilung

5 Die Zellkugel nistet sich in der Gebärmutterschleimhaut ein.

Wenn die befruchtete Eizelle die Gebärmutter erreicht hat, besteht sie schon aus 64 Zellen und sieht aus wie eine Kugel. In der Gebärmutter ist schon alles vorbereitet: Die Schleimhaut ist dicker geworden, sodass sich die Zellkugel dort einnisten kann. Einnisten bedeutet, dass sie sich mit der Schleimhaut fest verbindet. Hier wächst nun gut geschützt in einer Fruchtblase das Baby heran.

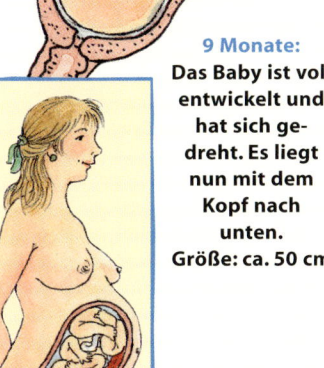

Nabelschnur

Mutterkuchen

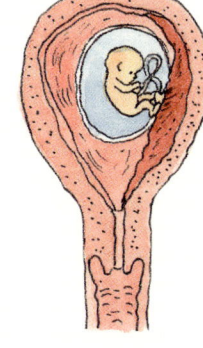

9 Monate:
Das Baby ist voll entwickelt und hat sich gedreht. Es liegt nun mit dem Kopf nach unten.
Größe: ca. 50 cm

4 Monate:
Das Baby kann greifen und bewegt sich so stark, dass die Mutter es spürt.
Größe: 16 cm

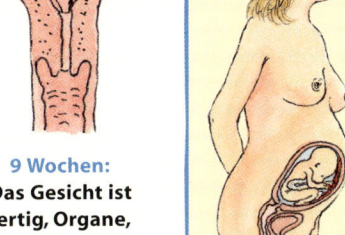

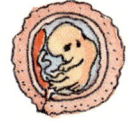

9 Wochen:
Das Gesicht ist fertig, Organe, Arme, Finger und Beine sind entwickelt, erste Bewegungen.
Größe: 5 cm

6 Wochen:
Augen und Ohren entstehen, Ansätze der Arme und Beine sind zu erkennen.
Größe: 1 cm

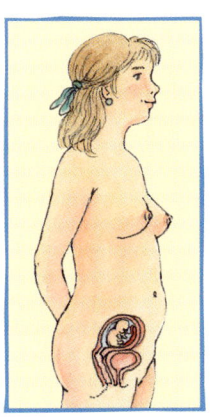

Selber essen und atmen kann das Baby im Bauch der Mutter noch nicht. Deshalb bekommt es Nahrung und Sauerstoff über die Nabelschnur. Sie führt vom Mutterkuchen, der fest mit der Gebärmutter verbunden ist, zum Bauch des Babys. Nährstoffe und Sauerstoff aus dem Blut der Mutter werden über die Nabelschnur in den Körper des Babys geleitet.

Abfallstoffe gehen auf demselben Weg zurück. Nach 40 Wochen ist das Baby fertig entwickelt.
Tja, und da sind wir wieder bei der Frage, wer denn eigentlich den Startschuss für die Geburt gibt. Viele vermuten, dass es das Kind selbst ist. Es sondert ein Hormon ab, das dem Körper der Mutter sagt, dass er mit der Geburt beginnen kann. Hormone sind Stoffe, die sich über unser Blut im Körper verteilen und viele verschiedene Vorgänge steuern. Zum Beispiel unser Wachstum, aber auch die Herstellung von Ei- und Samenzellen. Und vielleicht auch den Beginn der Geburt.

Warum hat man Milchzähne und bekommt erst später die Erwachsenenzähne?

Die Antwort auf die Frage findet man am einfachsten, wenn sich ein Kindergartenkind zusammen mit einem Erwachsenen vor den Spiegel stellt und den Mund gaaaaanz weit aufreißt.

Schon auf den ersten Blick erkennt man die Unterschiede: Das Kindergebiss hat nur 20 Zähne, die auch noch viel kleiner als die 32 Zähne des Erwachsenen sind. Stellt euch jetzt einmal vor, die beiden würden ihre Zähne tauschen. 32 große Zähne hätten in einem Kindermund gar keinen Platz und die 20 kleinen Milchzähne sähen beim Erwachsenen recht verloren aus. Zum Beißen wäre das nicht praktisch.

Kinder haben also kleine Milchzähne, weil ihr Mund und der Kiefer noch viel kleiner sind als bei einem Erwachsenen. Mit den Jahren wächst ihr Körper und damit nicht nur Füße, Beine und Arme, sondern auch der Kiefer. Die Zähne wachsen aber nicht mit und sind deshalb für den immer größer werdenden Kiefer irgendwann zu klein. Mit sechs Jahren beginnen sie deshalb auszufallen. An ihrer Stelle wachsen größere, bleibende Zähne nach. Weil der Kiefer des Erwachsenen viel größer ist, wachsen Zähne auch an Stellen, wo vorher kein Milchzahn war. Deshalb haben Erwachsene zwölf Zähne mehr als Kinder.

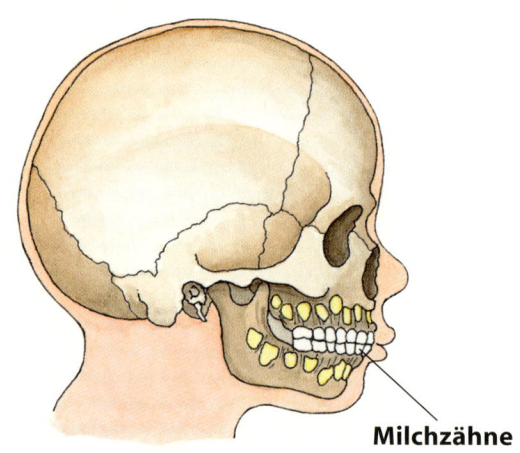

Milchzähne

Auch bei einem Kind, das noch alle Milchzähne hat, sind die bleibenden Zähne schon im Kiefer angelegt (hier gelb eingezeichnet).

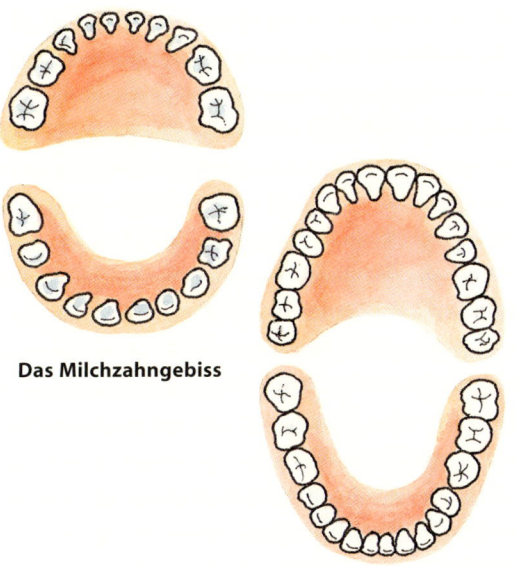

Das Milchzahngebiss

Die bleibenden Zähne

Der Begriff »Milchzahn« stammt aus dem 16. Jahrhundert. Säuglinge bekommen die ersten Zähne mit ungefähr sechs Monaten. Damals wurden alle Kinder in diesem Alter gestillt, bekamen also Muttermilch. Milchzähne heißen deshalb die Zähne, die ein Kind bekommt, wenn es noch Milch trinkt.

Ein Zahn besteht aus zwei Teilen: der Zahnkrone, das ist der obere Teil, den man im Mund sehen kann, und der Wurzel. Sie sitzt im Kiefer und hält den Zahn fest.

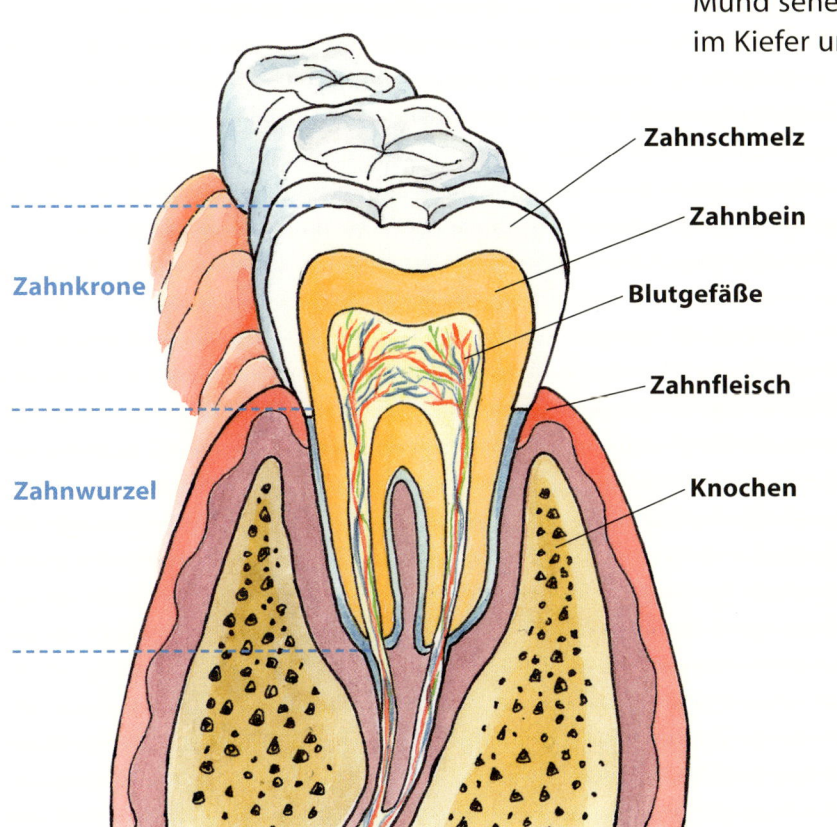

Zahnkrone

Zahnwurzel

Zahnschmelz

Zahnbein

Blutgefäße

Zahnfleisch

Knochen

Wenn ihr euch einen ausgefallenen Milchzahn mal genauer anguckt, könnt ihr etwas Seltsames feststellen: Er hat keine Wurzel mehr. Schuld daran sind Fresszellen. Sie schlummern im Kiefer. Ist der nachwachsende, bleibende Zahn groß genug, »schubst« er die Fresszellen an, sie »wachen auf« und knabbern die Wurzel des Milchzahnes ab. Dadurch verliert er seinen Halt, wackelt und fällt schließlich aus.

Warum müssen Menschen schlafen?

Und schon wieder eine Frage, auf die es keine eindeutige Antwort gibt. Bis jetzt haben Forscher nur einige Ideen, warum Menschen schlafen müssen. Für alle Nachteulen bedeutet das jedoch nicht, dass sie auf Schlaf verzichten können, bis die Frage geklärt ist. Im Gegenteil: Versuche haben gezeigt, dass zu wenig Schlaf sogar krank machen kann.

Schlaf ist also wichtig. Hier einige der möglichen Begründungen:

1. Der Schlaf dient der Erholung des Körpers. Während wir schlafen, entspannen sich Nerven und Muskeln und sammeln neue Energien.

2. Im Schlaf werden Erlebnisse des Tages verarbeitet. Im Gehirn wird Überflüssiges aussortiert, also vergessen. Wichtige Dinge werden im Langzeitgedächtnis gespeichert.

3. In der Steinzeit, als der Mensch noch Feinde wie Bären, Hyänen und Höhlenlöwen hatte, war es besser, nachts nicht schutzlos in der Dunkelheit umherzuirren. Die gefährlichen Nachtstunden verschlief man an einem sicheren Ort. Weil wir von diesen Menschen abstammen, haben wir auch ihre Gewohnheit, nachts zu schlafen.

Säuglinge schlafen an einem Tag und in einer Nacht oft insgesamt 16 Stunden, während ein Erwachsener nur noch ungefähr sieben Stunden Schlaf braucht. Das liegt vermutlich daran, dass sich Kinder im Schlaf von ihren aufregenden Erlebnissen erholen. Das Gehirn braucht diese Zeit, um alles, was man neu erlebt hat, zu verarbeiten und zu sortieren. Für kleine Kinder ist vieles neu und dadurch auch besonders spannend. Deshalb brauchen sie mehr Schlaf als Erwachsene.

Außerdem müssen Kinder besonders viel schlafen, weil sich im Schlaf ganz besonders viele Wachstumshormone bilden. Die brauchen sie, um größer zu werden. Zehn bis zwölf Stunden Schlaf sind deshalb auch bei älteren Kindern normal.

110 cm

112 cm

Warum **lachen** wir?

Wenn eine Schlange und ein Igel Kinder kriegen, was kommt dabei heraus? Stacheldraht! Wer jetzt lacht, hat schon eine Antwort auf die Frage gefunden. Wir lachen, weil etwas lustig ist.

Ob wir einen Witz oder die Clowns im Zirkus lustig finden, entscheidet sich im Gehirn. Hier entsteht das Lachen. Noch konnte allerdings keiner herausfinden, warum einige über einen Witz lachen, der anderen nicht mal ein müdes Lächeln entlockt.

Fest steht aber, dass uns die Fähigkeit zu lachen angeboren ist. Kleine Kinder lachen ungefähr 400-mal am Tag und damit viel öfter als Erwachsene, die das nur ungefähr 15-mal täglich tun.

Wir lachen aber nicht nur, weil wir etwas lustig finden. Ursprünglich, bei unseren Vorfahren, hatte das Lachen vermutlich einen anderen Sinn: Artgenossen konnten mit einem Lachen besänftigt werden. Lachen war ein Zeichen der Unterordnung. Wer lachte, verhinderte damit Streit in der Gruppe.

Beim Lachen bewegen sich vom Gesicht bis zum Bauch ungefähr 300 Muskeln. Dadurch kommt der ganze Körper in Schwung, Magen und Darm genauso wie andere innere Organe. Weil wir beim Lachen mehr atmen, gelangt auch mehr Sauerstoff in das Blut. Der Kreislauf kommt richtig in Fahrt. Lachen ist deshalb nicht nur lustig und entspannend, sondern auch noch gesund.

Egal ob wir vergnügt lachen, glücklich, traurig, ängstlich oder wütend sind, alle Gefühle entstehen im Kopf.

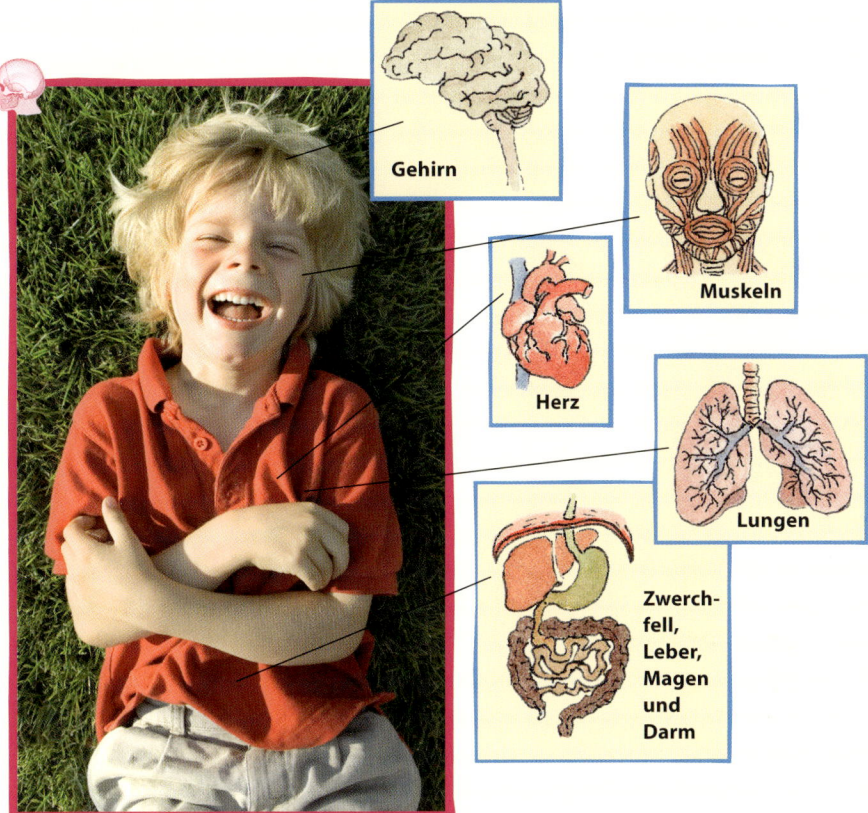

Gehirn

Muskeln

Herz

Lungen

Zwerch-
fell,
Leber,
Magen
und
Darm

Vor allem ein bestimmter Teil des Gehirns ist dafür zuständig: das limbische System. Es sitzt auf der Unterseite des Großhirns.

Die meisten Gefühle werden durch bestimmte Erlebnisse ausgelöst. So sind wir traurig, wenn das geliebte Kaninchen gestorben ist, und glücklich, wenn wir bei einem Wettrennen gesiegt haben.

Das Besondere bei allen Gefühlen ist, dass jeder sie ganz unterschiedlich empfindet. Fällt plötzlich im Keller das Licht aus, bekommt der eine Angst, während der andere es einfach nur spannend und lustig findet, sich im Dunkeln zur Treppe zu tasten.

Großhirn

Riechnerv

Kleinhirn

Hirnstamm

**Hervorgehoben sind die verschiedenen
Teile des limbischen Systems.
Zu ihm gehört auch der Riechnerv.**

Was passiert, wenn ich Fieber habe?

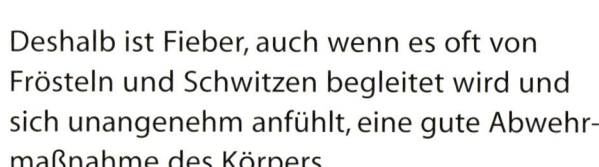

Wenn man bei einem gesunden Menschen die Körpertemperatur misst, dann beträgt sie ungefähr 37° C.
Wer krank ist und Fieber hat, bei dem steigt die Temperatur deutlich an, manchmal bis über 40° C.

Der Körper erwärmt sich also und das hat einen guten Grund. Wer fiebert, hat oft Krankheitskeime im Körper, zum Beispiel Viren oder Bakterien. Sie sind winzig klein, machen aber manchmal ganz schönen Ärger. Man kann durch sie zum Beispiel starken Husten und Schnupfen, Kopfschmerzen, Bauchweh und Gliederschmerzen bekommen.

Der Körper hat nur ein Ziel: diese Viren oder Bakterien so schnell wie möglich unschädlich zu machen. Fieber hilft dabei, denn bei Temperaturen über 37° C kommt die körpereigene Abwehr richtig in Schwung. So kann sie erfolgreich gegen die Eindringlinge ankämpfen.

Deshalb ist Fieber, auch wenn es oft von Frösteln und Schwitzen begleitet wird und sich unangenehm anfühlt, eine gute Abwehrmaßnahme des Körpers.

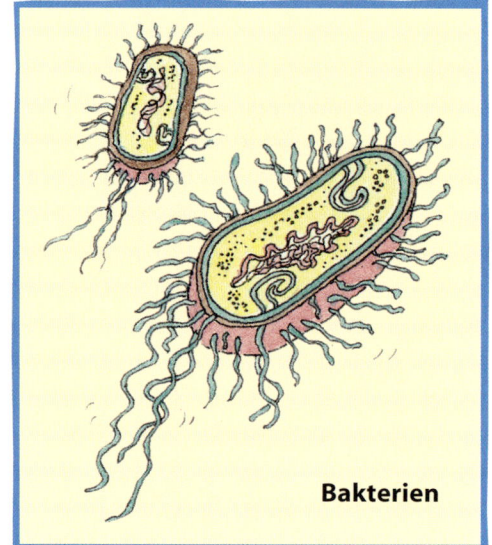

Bakterien

Viren

50

Das Abwehrsystem des Körpers zum Schutz vor Krankheiten heißt Immunsystem. Dazu gehören verschiedene Spezialzellen, die Krankheitskeime abwehren.
Die wichtigsten davon, die weißen Blutkörperchen, habt ihr ja schon kennengelernt. Man kann sie sich wie eine eigene Körperpolizei vorstellen. Sie suchen nach störenden Eindringlingen und fressen sie auf.

Unser Immunsystem kann noch mehr. An manche Krankheiten, zum Beispiel Mumps oder Röteln, »erinnert« es sich. Wenn dieselben Keime später noch einmal in den Körper kommen, erkennt es sie und verhindert, dass man die Krankheit noch einmal bekommt. Man wird nur ein einziges Mal krank und ist dann immun, also ein ganzes Leben vor dieser Krankheit geschützt.

Gegen manche Krankheiten kann man auch durch Impfen immun werden. Der Impfstoff enthält sehr kleine Mengen eines Krankheitserregers, zum Beispiel des Masernerregers. Der Körper lernt die Krankheit durch die Impfung kennen. Sie bricht aber nicht aus, weil es nur ganz wenige, sehr schwache Keime sind. Das Gute: Wenn später einmal wieder Masernerreger in den Körper gelangen, wird man nicht krank.

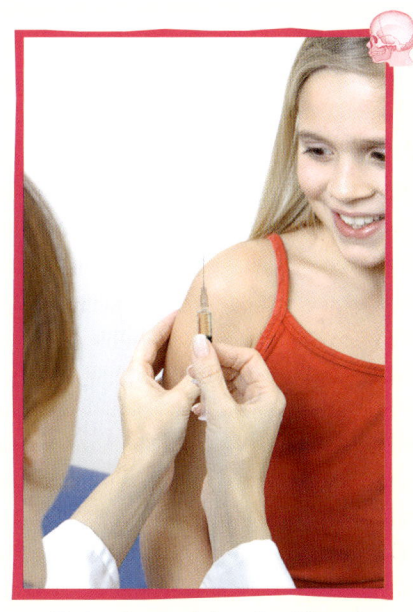

Die Impfung schützt den Körper vor Krankheiten.

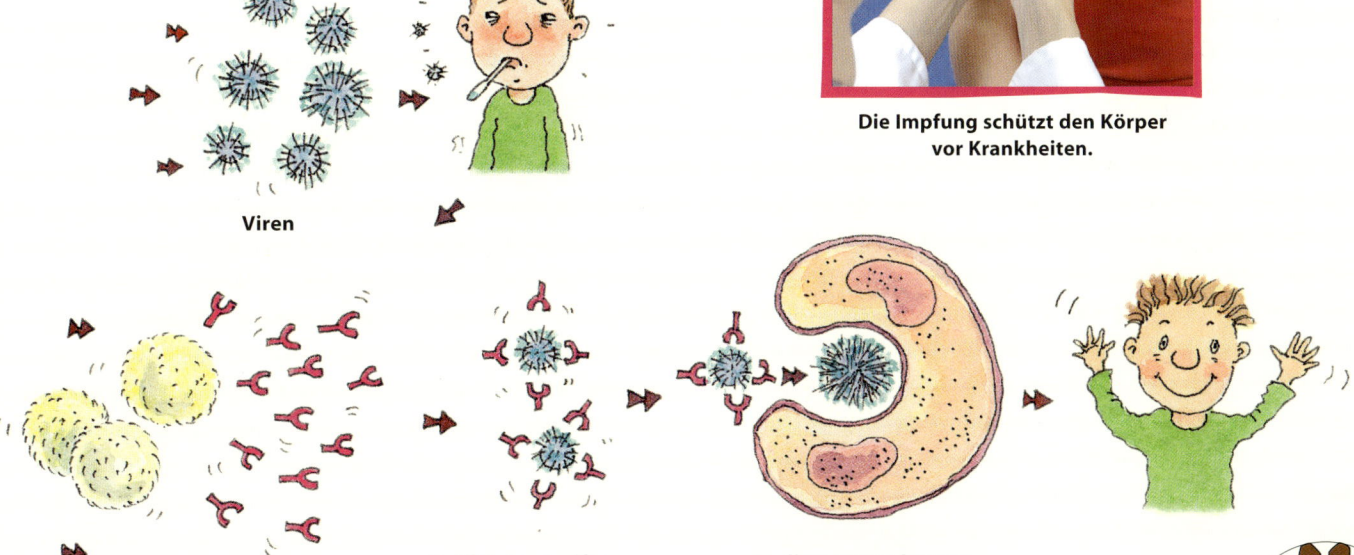

Viren

Weiße Blutkörperchen schicken Antikörper los.

Antikörper greifen die Viren an.

In dieser Form können Fresszellen, eine andere Art von weißen Blutkörperchen, die Viren aufnehmen und zerstören.

Mauslexikon

Arterien: Alle Blutgefäße, in denen Blut vom Herzen wegfließt, heißen Arterien. Durch die meisten Arterien strömt sauerstoffreiches Blut.

Ballaststoffe: Unverdauliche und schwer verdauliche Bestandteile der Nahrung, die für eine gute Verdauung wichtig sind. Ballaststoffe befinden sich zum Beispiel in Obst, Gemüse und Getreide. Weil Ballaststoffe die Verdauung im Magen verzögern, fühlt man sich nach einem Apfel länger satt als nach einem Schokoriegel.

Blutkreislauf: Damit das Blut alle Teile des Körpers mit Sauerstoff und Nährstoffen versorgen und Abfallstoffe abtransportieren kann, fließt es in einem großen Kreislauf durch die Blutgefäße. Das Blut fließt natürlich nicht von alleine, sondern wird von einer Pumpe, dem Herz, angetrieben.

Eiweiße: Eiweiße sind wichtige Bestandteile unserer Nahrung. Sie befinden sich sowohl in Fleisch und Fisch wie auch in Getreide und Gemüse. Eiweiße spielen beim Aufbau von Zellen eine wichtige Rolle.

Geschlechtsorgane: Damit Menschen sich fortpflanzen, also Kinder bekommen können, brauchen sie die Geschlechtsorgane. Sie unterscheiden sich deutlich bei Frau und Mann. So haben Frauen Schamlippen, Gebärmutter und Eierstöcke, Männer einen Penis und Hoden.

Geschmacksknospen: Die meisten Geschmacksknospen sitzen in der Zungenschleimhaut unten an den Papillen. Sie kommen aber auch im Gaumen und Rachen vor. Mithilfe der Geschmacksknospen können wir die verschiedenen Geschmacksrichtungen unterscheiden.

Gewebe: Der Zusammenschluss mehrerer gleichartiger Zellen heißt Gewebe. Je nachdem welche Arten Zellen miteinander verbunden sind, entstehen ganz unterschiedliche Gewebe. Knochengewebe ist zum Beispiel viel härter als Nerven- oder Muskelgewebe.

Harnstoff: Der Urin, also Pipi, besteht zum größten Teil aus Wasser (95%). Als Abfälle befinden sich darin vor allem Salze und Harnstoff.

Hormon: Hormone sind Botenstoffe, die viele Vorgänge im Körper steuern. So gibt es ein Hormon, das das Wachstum anregt. Andere Hormone regeln die Herstellung von Samen- und Eizellen.

Immunsystem: Als Immunsystem bezeichnet man das körpereigene Abwehrsystem gegen Krankheitserreger. Spezielle Zellen erkennen Eindringlinge wie Bakterien und Viren, greifen sie an und zerstören sie.

Kohlendioxid: Kohlendioxid ist ein Gas, das als Abfallprodukt bei der Umwandlung von Energie im Körper entsteht. Es wird vom Blut zu den Lungen transportiert und mit der Atemluft ausgeatmet.

Kohlenhydrate: Kohlenhydrate sind Bestandteile der Nahrung. Es sind verschiedene Formen von Zucker, die der Körper als Energiequelle benötigt.

Limbisches System: Das limbische System ist ein Teil des Gehirns. Es steuert vor allem Gefühle, zum Beispiel Angst oder Freude.

Oberhaut: Die Haut ist in drei Schichten aufgeteilt. Die äußerste Schicht heißt Oberhaut und besteht vor allem aus Hornzellen. In der Oberhaut befindet sich auch Melanin, das ist der Stoff, der unserer Haut ihre Farbe verleiht.

Organ: Mehrere gleichartige Zellen bilden ein Gewebe und verschiedene Gewebe bilden ein Organ.

Papillen: Papillen nennt man die kleinen Erhebungen auf der Zunge. Es gibt verschiedene Papillen mit ganz unterschiedlichen Aufgaben. Einige sind für das Tasten zuständig, andere für das Schmecken.

Pupille: Die Pupille ist der schwarze Kreis in der Mitte des Auges. Sie ist ein Loch, das sich durch Muskeln verkleinern und vergrößern kann. Je mehr Licht in das Auge fällt, desto kleiner werden die Pupillen.

Riechzellen: Die Riechzellen befinden sich in der Riechschleimhaut der Nase. Duftstoffe, zum Beispiel von Blumen, lagern sich an ihnen an. Die Riechzellen sind direkt mit Nerven verbunden, die die Information zum Gehirn transportieren.

Rückenmark: Das Rückenmark ist ein Nervenstrang, der durch die Rückenwirbel läuft. Es leitet Nervensignale an das Gehirn weiter und überträgt auch Signale in umgekehrter Richtung. Auch die meisten Reflexe werden vom Rückenmark ausgelöst.

Sauerstoff: Sauerstoff, ein Gas, kommt mit der Atemluft in die Lungen. Von dort wandert der Sauerstoff ins Blut und wird so im ganzen Körper verteilt. Er wird für die Energiegewinnung in den Zellen benötigt.

Sehne: Die Sehne verbindet Knochen und Muskel miteinander. Man kann sie sich wie ein sehr festes, aber dehnbares Gummiband vorstellen.

Sezieren: Sezieren bedeutet, dass man den Körper von Toten öffnet, um in ihr Inneres zu sehen. Erst durch das Sezieren hat man gelernt, wie der Mensch im Inneren aufgebaut ist, wo Organe, Blutgefäße und Knochen liegen.

Trommelfell: Das Trommelfell ist eine dünne Haut im Ohr. Durch Schallwellen wird es zum Schwingen gebracht. Es überträgt diese Bewegungen weiter auf Knochen im Ohr.

Venen: Alle Blutgefäße, die zum Herzen hinführen, heißen Venen. In ihnen fließt sauerstoffarmes Blut. Nur die Lungenvenen befördern sauerstoffreiches Blut zum Herz.

Zelle: Der kleinste Baustein, aus dem der ganze menschliche Körper aufgebaut ist, heißt Zelle. Es gibt 200 verschiedene Zellarten im Körper.

Register

53

FRAG doch mal...

Die große Sachbuchreihe mit der Maus!

Frag doch mal ... die Maus!
Ritter und Burgen
ISBN 978-3-570-13145-9

Frag doch mal ... die Maus!
Unser Wald
ISBN 978-3-570-13146-6

Frag doch mal ... die Maus!
Autos
ISBN 978-3-570-13147-3

Frag doch mal ... die Maus!
Zeitreise
ISBN 978-3-570-13148-0

Frag doch mal ... die Maus!
Dinosaurier
ISBN 978-3-570-13149-7

Frag doch mal ... die Maus!
Flugzeuge
ISBN 978-3-570-13150-3

Frag doch mal ... die Maus!
Meere und Ozeane
ISBN 978-3-570-13151-0

Frag doch mal ... die Maus!
Mein Körper
ISBN 978-3-570-13152-7

Frag doch mal ... die Maus!
Pferde
ISBN 978-3-570-13153-4

Frag doch mal ... die Maus!
Fußball
ISBN 978-3-570-13404-7

Frag doch mal ... die Maus!
Weltall
ISBN 978-3-570-13155-8

Frag doch mal ... die Maus!
Indianer
ISBN 978-3-570-13402-3

Frag doch mal ... die Maus!
Wale und Delfine
ISBN 978-3-570-13156-5

Frag doch mal ... die Maus!
Wetter und Klima
ISBN 978-3-570-13401-6

Frag doch mal ... die Maus!
Piraten
ISBN 978-3-570-13683-6

Frag doch mal ... die Maus!
Tiere aus aller Welt
ISBN 978-3-570-13634-8

Frag doch mal ... die Maus!
Weltreligionen
ISBN 978-3-570-13622-5

Frag doch mal ... die Maus!
Unsere Erde
ISBN 978-3-570-13400-9

Frag doch mal ... die Maus!
Berühmte Entdecker
ISBN 978-3-570-13633-1

Frag doch mal ... die Maus!
Ägypten
ISBN 978-3-570-13164-0

Frag doch mal ... die Maus!
Im Zoo
ISBN 978-3-570-13163-3

8004/21

cbj

www.cbj-verlag.de/diemaus